ARで
英語が聞ける

英語
もののなまえ
絵じてん

三省堂編修所 編

SANSEIDO

この本のとくちょう

この『英語もののなまえ絵じてん』は、英語に興味を持ち始めた子どもたちと、その保護者のみなさんのためにつくられた「絵じてん」です。
子どもたちの身近にあるもののなまえや、英語を学習する上で必須となる基本的な英単語、また会話表現を収録しています。そして、そのすべての英語の音声を、AR（拡張現実）アプリによって提供します。この「絵じてん」とARアプリを使って、お子さんと楽しみながら英語の語彙を積み上げてください。

約1,200語の英単語を収録

食べものやいきもの、家や学校に関するものなど、様々な英単語を約1,200語収録しています。もののなまえだけでなく、趣味や行事、数、かたちまで、子どもたちの日常でよく使うことばの英単語を、幅広く覚えられます。

ARアプリで発音がわかる

この本に収録した、すべての単語・会話表現のネイティブスピーカーによる英語音声を、ARアプリで提供します。繰り返し何度も聞いたり、まねをして英語を言ってみたりすることで、英語に耳から慣れることができます。
ARアプリの使い方については5ページを参考にしてください。

カテゴリー別でさがしやすい

子どもたちの生活によりそったテーマや場面別にページを構成しています。知りたい英語を見つけやすく、カテゴリーごとにまとまりで覚えることができます。

もののなまえのほか、使えることばが身につく

巻頭ではあいさつ・自己紹介、巻末では動作・状態・気持ちを表すことばを収録しています。名詞だけでなく、動詞や形容詞などもふくんだフレーズを身につけることで、よりしぜんな英語にしたしむことができます。

2つのさくいんでことばをさがせる

本のおわりには、日本語と英語のそれぞれのさくいんを収録しています。日本語から英単語を探すことも、気になった英単語の日本語の意味を探すことも、かんたんにできます。

英語で話してみたくなる！　楽しい会話例を紹介

その見開きのテーマや場面にそった、
英語での会話例を、多数収録しています。

黄色に色をつけているところは、別のことばに置きかえられます。その見開きに掲載されていることばを参考にして置きかえてみましょう。
好きなものやなりたいものなど、会話例にならって、自分のことも英語でつたえてみましょう。

Let's speak English

くだものはなにが好き？
What fruit do you like?
ワッ　フルーッ ドゥー　ユ　ライ(ク)

ぶどうが好き。とてもおいしいよ。
I like grapes.
アーィ ライッ グレイプス
They're so delicious.
デア　ソー　デレシャス

わたしも好き。
Oh, me too.
オウ、ミー　トゥー

日本語の意味・英語のつづり・発音がワンセットに

英単語や会話表現には、かならず
- 1行目に　**日本語の意味**
- 2行目に　**英語のつづり**
- 3行目に　**英語の発音のカナ表記**　をセットにして掲載しています。

この本では、英語発音のカナ表記は、ARアプリで聞けるネイティブスピーカーの音声にならい、より実際の音に近いものになるように作成しています。英語らしい音のつながりを意識した表記にしていますので、音声を聞いて確認をしながら、声に出して読んでみてください。
青色の文字は、アクセントをつけて強く読むところです。かっこの中に入っている文字は、ほとんど聞こえないほど弱く発音しますが、難しいときは省略して発音してもいいでしょう。

この本のしくみ

この見開きのテーマをあらわすタイトルです。
タイトルの英語音声は、ARアプリで文字および左横のアイコンを読み取ると聞くことができます。

テーマにそった子どもたちへの問いかけや、注目してほしいポイントを一言そえています。英語を楽しむきっかけになるかもしれません。

ページのカテゴリーです。

たのしいイラストがいっぱい！
お気に入りのイラストの英単語から覚えてもいいですね。

英単語は、日本語の意味と発音と、セットになっています。

ページのテーマや場面に合わせた会話例を紹介しています。家族やお友だちと読みあってみましょう。

AR（拡張現実）アプリの使い方

アプリのダウンロード方法

スマートフォンやタブレット端末など、カメラ付き端末（以下「スマホ」という）をお持ちの方なら、どなたでも無料でダウンロードできます。

1. お手持ちのスマホで、右のQRコードを読み取り、指定のウェブサイトを開いてください。
2. ウェブサイトの指示にそって、ARアプリをダウンロードしてください。
3. スマホのホーム画面に、「三省堂AR」のアイコンが現れたら、ダウンロードは完了です。

三省堂AR

アプリの使い方

1. スマホのホーム画面にある「三省堂AR」のアイコンをタップしてください。
2. 「英語もののなまえ絵じてん」の右にある、カメラのアイコンをタップします。

カメラのアイコン

3. この本の中の、英語の音声を聞きたいイラストにカメラをかざすと、画面に音声マークが表示され、音声が流れます。

音声マーク

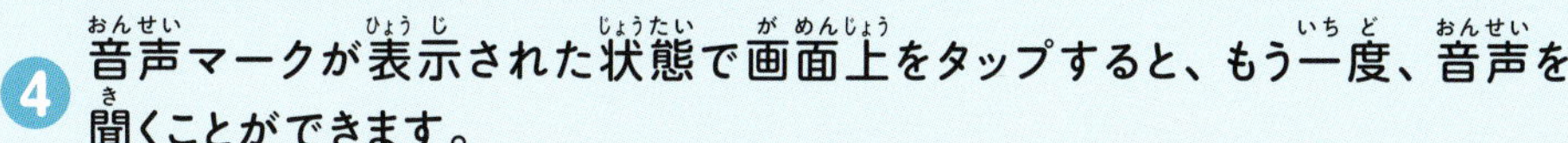

4. 音声マークが表示された状態で画面上をタップすると、もう一度、音声を聞くことができます。

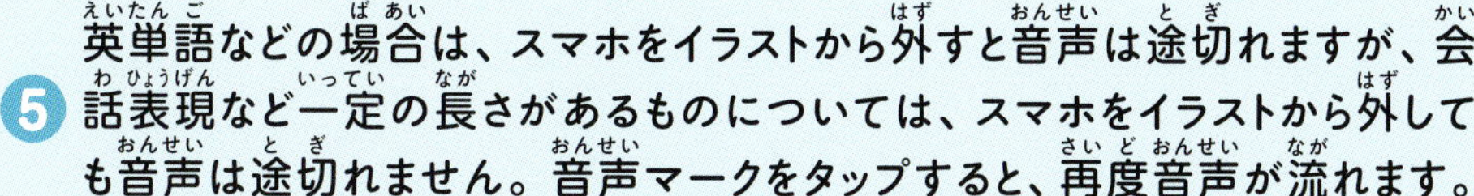

5. 英単語などの場合は、スマホをイラストから外すと音声は途切れますが、会話表現など一定の長さがあるものについては、スマホをイラストから外しても音声は途切れません。音声マークをタップすると、再度音声が流れます。
6. ページタイトルなどは、タイトル文字および左横アイコンにスマホをかざすと、音声が流れます。
7. 右のように、スマホをかざすと複数の音声マークが表示されるイラストがあります。聞きたいことばの近くに表示されている音声マークをタップすると、音声がひとつずつ流れます。

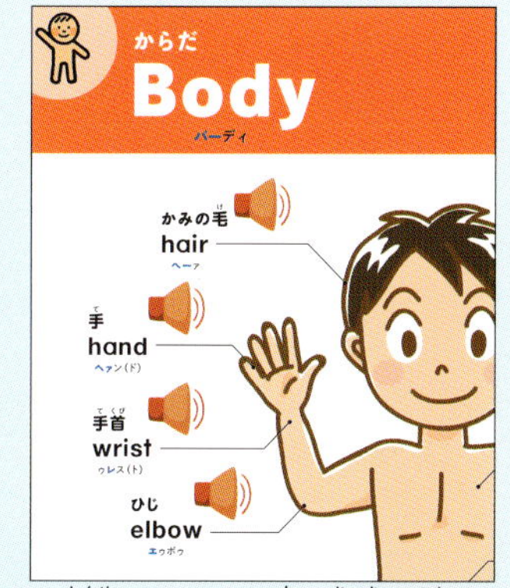

※音声マークの位置は実際と異なることがあります。

もくじ

この本（ほん）のとくちょう …… 2
この本（ほん）のしくみ …… 4
もくじ …… 6

Greeting あいさつ …… 10
Self-introduction じこしょうかい …… 14

からだ

Body からだ …… 16

家族（かぞく）

Family 家族（かぞく） …… 20

食（た）べもの

Dishes 料理（りょうり） …… 22
Rice,Bread and Noodles 米（こめ）、パン、めんなど …… 26
Vegetables 野菜（やさい） …… 28
Fruit くだもの …… 30
Meat and Seafood 肉（にく）、シーフード …… 32
In the kitchen 台所（だいどころ）で …… 34
Dessert デザート …… 36

House 家 …… 38
Living room 居間 …… 40
Kitchen 台所 …… 42
My room わたしの部屋 …… 44
Bathroom ふろ/トイレ/洗面所 …… 46
Clothes 衣服 …… 48

学校

School 学校 …… 52
In the gym 体育館で …… 54
Classroom 教室 …… 56
Class schedule 時間割 …… 58
Stationery ぶんぼうぐ …… 60

Town まち …… 62
Around the station 駅のまわり …… 64
Park 公園 …… 66
City map まちの地図 …… 68

好きなこと

Holidays お休みの日 ········ 70
Sports スポーツ ········ 72
Musical instruments 楽器 ········ 76
Games and Toys 遊びとおもちゃ ········ 78

仕事

Jobs 仕事 ········ 80

のりもの

Transportation のりもの ········ 84

いきもの

Small animals 小さい動物 ········ 88
Zoo animals 動物園の動物 ········ 90
Farm animals 農場の動物 ········ 94
Birds 鳥 ········ 96
Marine life 海のいきもの ········ 98
Aquatic life 水辺のいきもの ········ 100
Insects こん虫・虫 ········ 102

植物

Flowers 花 ········ 104
Plants 植物 ········ 106

自然・宇宙

Nature 自然 …… 108
Weather 天気 …… 110
Space and Planets 宇宙と惑星 …… 112

数と時間

Numbers 数字 …… 114
The calendar カレンダー …… 116

季節と行事

Seasons 季節 …… 118

色・かたち

Colors 色 …… 122
Shapes かたち …… 124

世界

World map 世界地図 …… 126

Verbs 動きをあらわすことば …… 128
Opposites 反対の意味をあらわすことば …… 130
Feelings 気持ちや状態をあらわすことば …… 132
The Alphabet アルファベット …… 134

日本語さくいん …… 136
英語さくいん …… 140

あいさつ

Greeting

グリーティン

一日(いちにち)のあいさつを英語(えいご)で言(い)ってみよう！　英語(えいご)であいさつできると楽(たの)しいね。

おはようございます。

Good morning.

グッ モーァニン

こんにちは。

Hello.

ハロゥ

やあ。

Hi.

ハーイ

こんにちは。

Good afternoon.

グ ダフタヌーン

おやすみなさい。
Good night.
グッ ナーイ(ト)
こんばんは。
Good evening.
グ ディーヴニン
ありがとう。
Thank you.
セァン キュー
どういたしまして。
You’re welcome.
ヨー ウェォカン

あいさつ

Greeting

グリーティン

気分(きぶん)をつたえたり、あいさつしたり、お友(とも)だちとも英語(えいご)で話(はな)してみよう。

お元気(げんき)ですか？

How are you?

ハウ　アー　ユー

すごく元気(げんき)です。

Very good.

ヴェリ　グー（ド）

元気(げんき)です。

I'm fine.

アィン　ファーィン

かなり元気(げんき)です。

Pretty good.

プレティ　グー（ド）

まあまあです。

Not bad.

ナッ　ベァーッ（ド）

元気(げんき)がないです。

I'm not good.

アィン　ナッ　グー（ド）

こんにちは、せいこ。こちらはじゅんです。
Hello, Seiko. This is Jun.
ハロゥ セイコ ディ スィズ ジュン
こんにちは、じゅん。はじめまして。
Hi, Jun. Nice to meet you.
ハイ ジュン ナイス トゥ ミーチュ
こちらこそ、はじめまして。
Nice to meet you, too.
ナイス トゥ ミーチュー トゥー
さようなら。
Good-bye.
グッバーイ
バイバイ。
Bye-bye.
バィバーイ
またね。
See you.
スィー ユー

じこしょうかい

Self-introduction

セォフ　インチョダクシュン

英語(えいご)で自分(じぶん)のことをしょうかいしてみよう！　お友(とも)だちに英語(えいご)でつたえられるとうれしいね。

1
なまえはなんていうの？
What's your name?
ワッツ　ヨァ　ネーン
わたしのなまえはせいこよ。
せいちゃんってよんでね。
My name is Seiko.
マィ　ネーミッ　セイコ
Please call me Seichan.
プリース　コーォ　ミ　セイチャン

2
なまえは英語(えいご)でどうやって書(か)くの？
How do you spell
ハーゥ　ドゥ　ユ　スペゥ
your name?
ヤ　ネーン
Se
S、E、I、K、Oだよ。
S-E-I-K-O.
エッス　スィー　アーィ　ケィ　オーゥ

1
ぼくは埼玉(さいたま)出身(しゅっしん)です。
I'm from Saitama.
アィン フラン サイタマ
わたしも。
Me too.
ミー トゥー
2
としは何才(なんさい)ですか?
How old are you?
ハウ オーゥ ダー ユー
10才(さい)です。
I'm 10 years old.
アィン テン ニャーズ オーゥド
3
何年生(なんねんせい)ですか?
What grade are you in?
ワッ グレー ダー ユー イン
4年生(ねんせい)です。
I'm in the fourth grade.
アーイ メン ダ フォーアフ グレーィ(ド)

からだ
Body
バーディ

顔(かお)や手(て)や足(あし)、「からだ」にはいろいろな部分(ぶぶん)があるね。英語(えいご)でなんていうのかな？

かみの毛(け)
hair
ヘーァ

手(て)
hand
ヘァン(ド)

手首(てくび)
wrist
ゥレス(ト)

ひじ
elbow
エゥボゥ

へそ
navel
ネイヴォ

ひざ
knee
ニー

顔(かお)
face
フェイス

胸(むね)
chest
チェス(ト)

おなか
stomach
スタメッ(ク)

足(あし)（足首(あしくび)から下(した)）
foot
フォッ(ト)

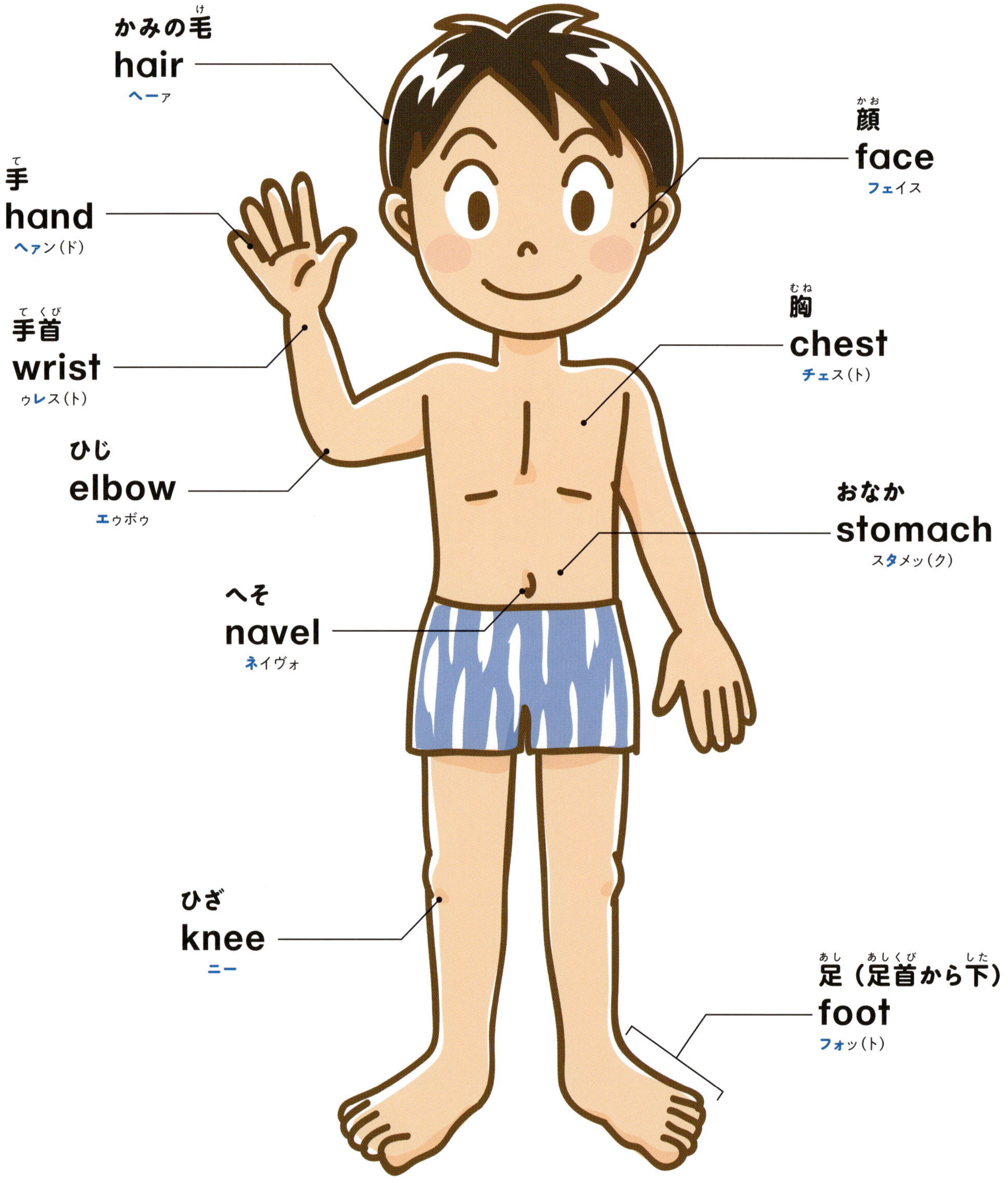

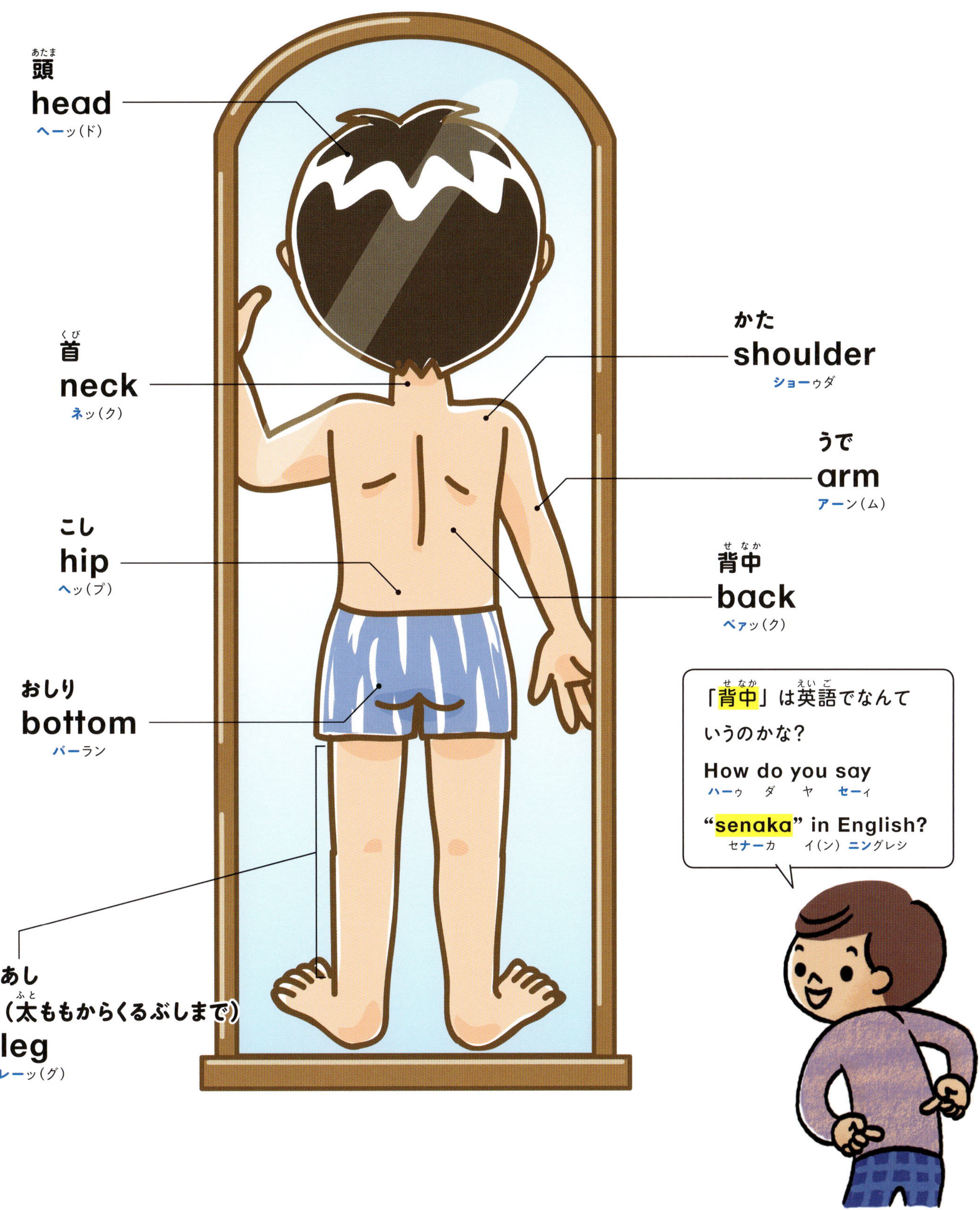

頭
head
ヘーッ(ド)
首
neck
ネッ(ク)
こし
hip
ヘッ(プ)
おしり
bottom
バーラン
あし
(太ももからくるぶしまで)
leg
レーッ(グ)
かた
shoulder
ショーゥダ
うで
arm
アーン(ム)
背中
back
ベァッ(ク)
「背中」は英語でなんていうのかな?
How do you say
ハーゥ ダ ヤ セーィ
"senaka" in English?
セナーカ イ(ン) ニングレシ

からだ

Body バーディ

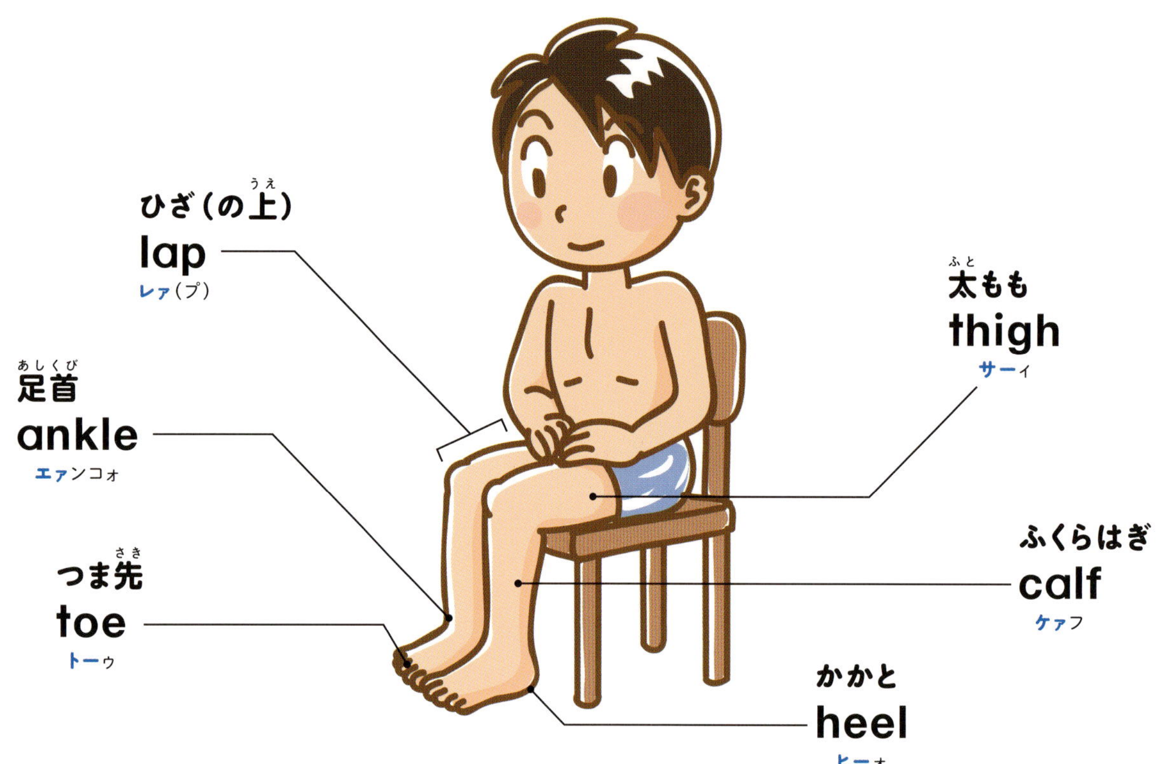

指 fingers フィンガーズ

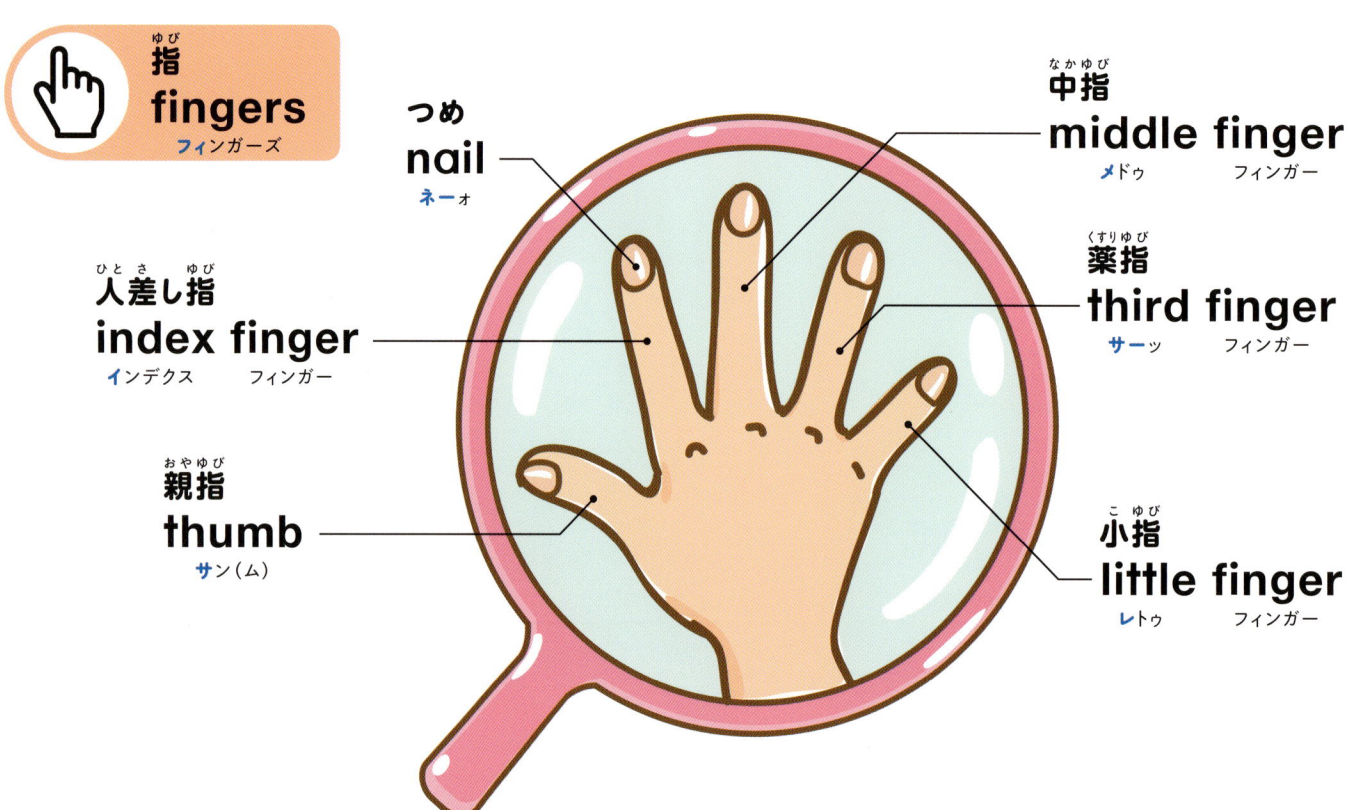

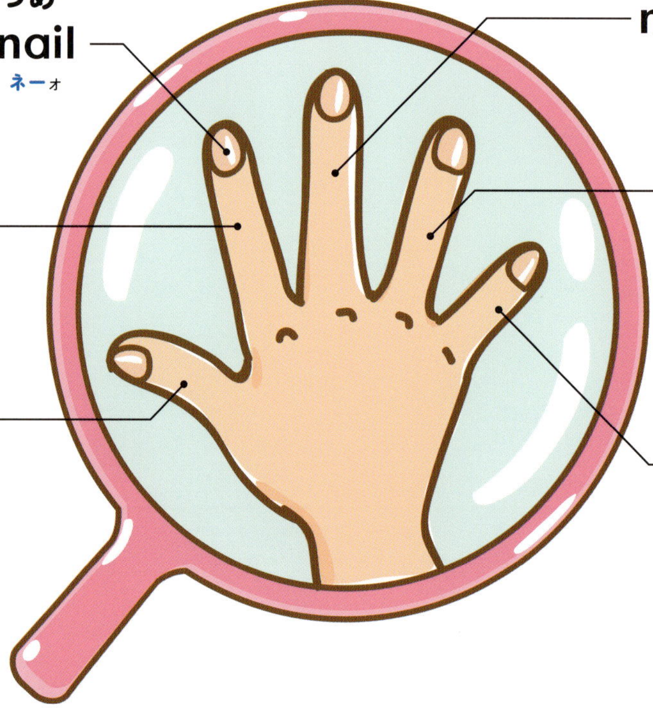

つめ
nail
ネーォ

中指
middle finger
メドゥ フィンガー

人差し指
index finger
インデクス フィンガー

薬指
third finger
サーッ フィンガー

親指
thumb
サン（ム）

小指
little finger
レトゥ フィンガー

おでこ
forehead
フォアヘッ(ド)

まゆ毛（げ）
eyebrow
アィブラゥ

目（め）
eye
アーィ

まつ毛（げ）
eyelash
アイレァシ

ほお
cheek
チー(ク)

鼻（はな）
nose
ノウズ

耳（みみ）
ear
イア

歯（は）
teeth
ティーフ

くちびる
lips
レップス

舌（した）
tongue
タン

口（くち）
mouth
マウフ

あご
chin
チェン

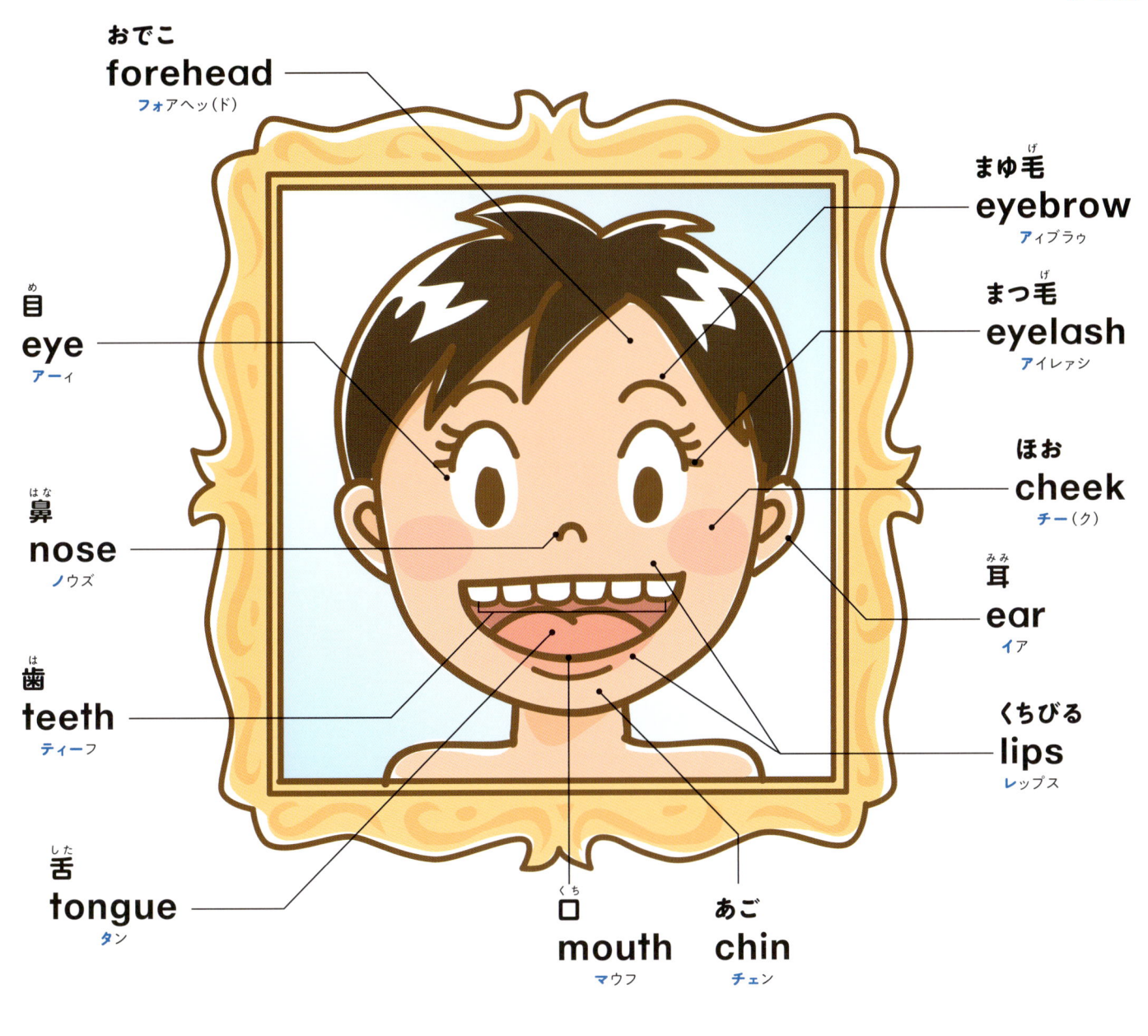

家族 Family

フェアムリー

きみのおうちの人をしょうかいしてみよう。英語でできたらすごいね。

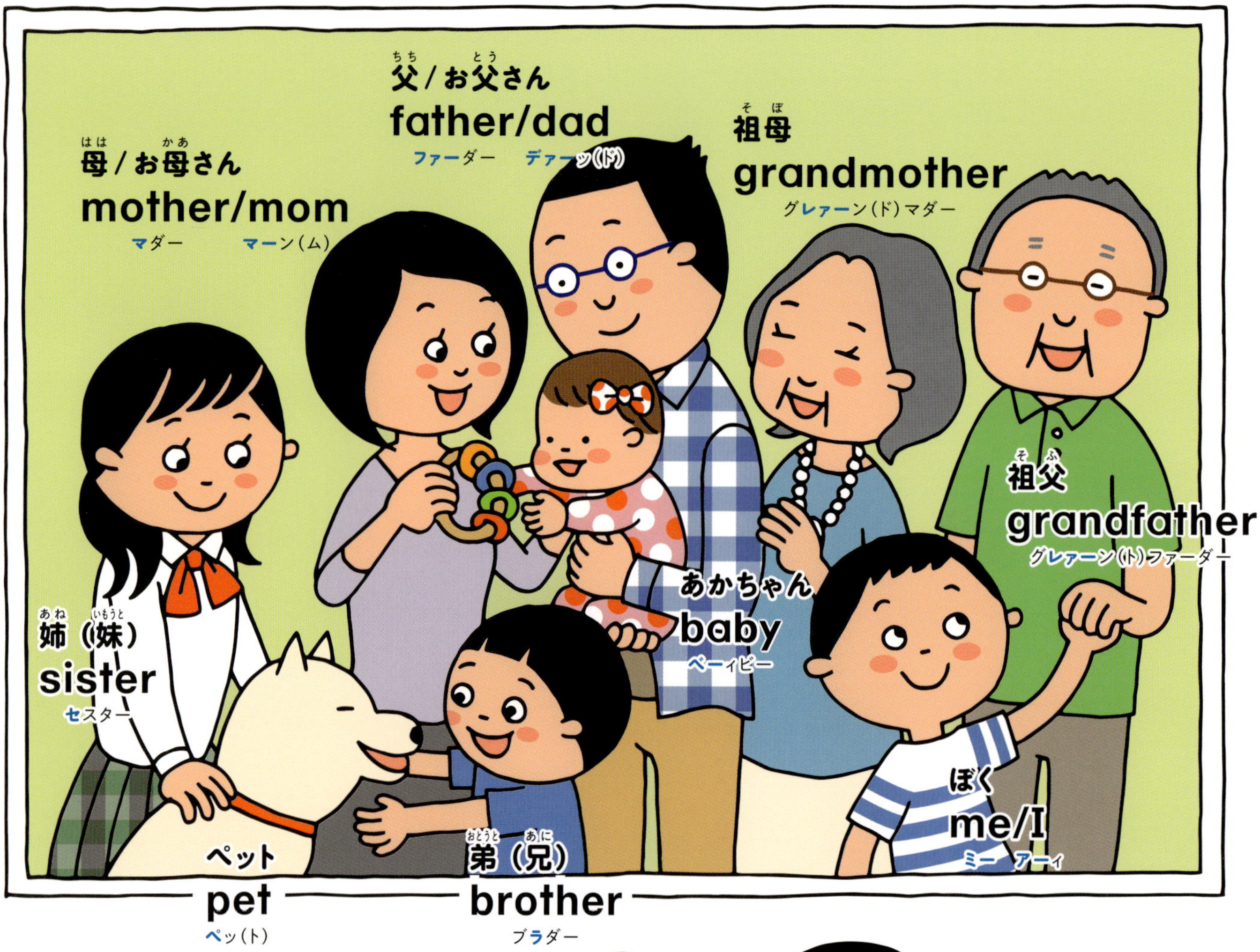

父／お父さん
father/dad
ファーダー　デァーッ(ド)

母／お母さん
mother/mom
マダー　マーン(ム)

祖母
grandmother
グレァーン(ド)マダー

祖父
grandfather
グレァーン(ト)ファーダー

あかちゃん
baby
ベーィビー

姉（妹）
sister
セスター

ぼく
me/I
ミー　アーィ

ペット
pet
ペッ(ト)

弟（兄）
brother
ブラダー

ぼくの家族です。
This is my family.
デッ　セズ　マィ　フェアムリー

お父さんはやさしいよ。
My father is nice.
マィ　ファーダ　レズ　ナイス

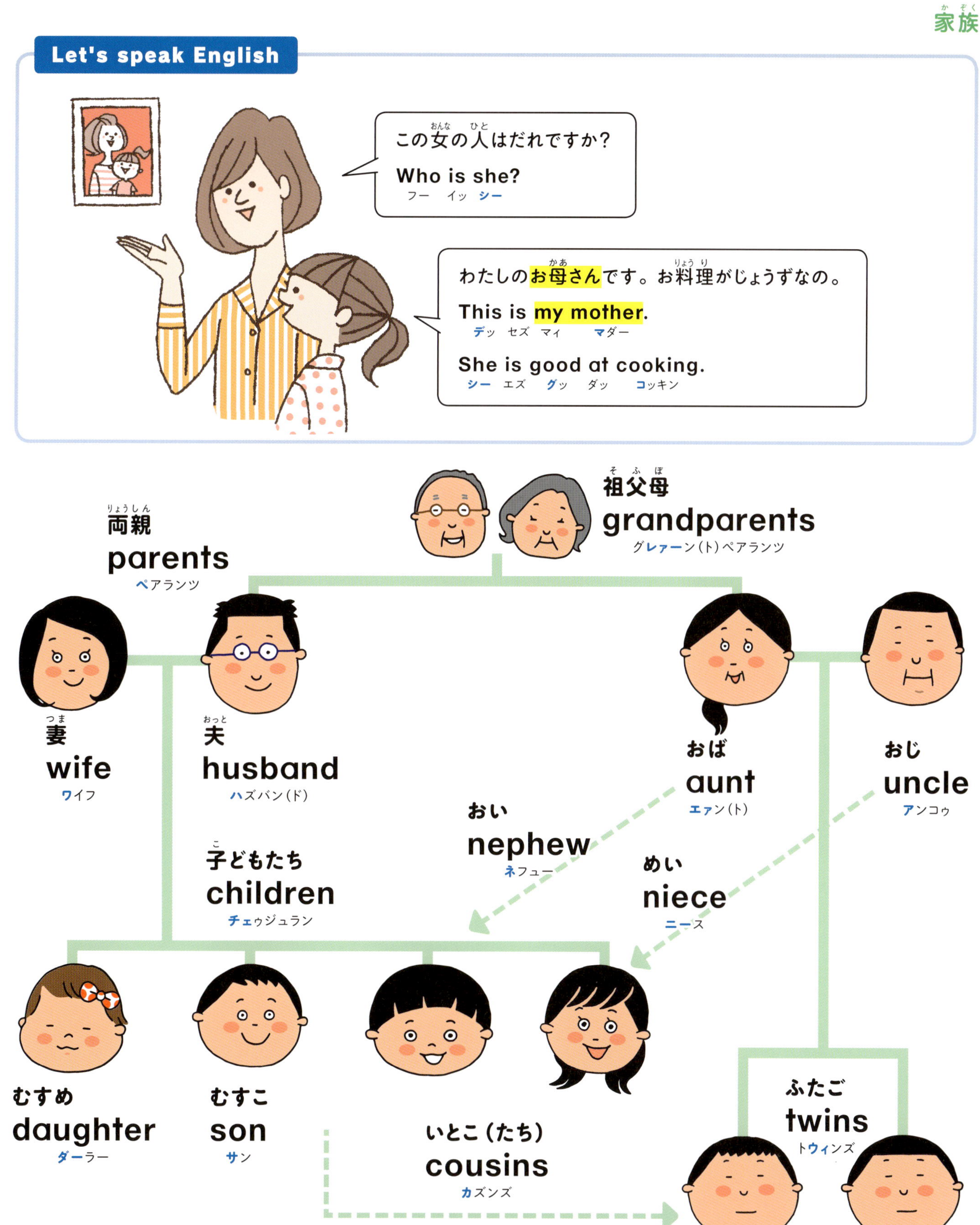
Let's speak English
この女の人はだれですか？
Who is she?
フー イッ シー
わたしのお母さんです。お料理がじょうずなの。
This is my mother.
デッ セズ マィ マダー
She is good at cooking.
シー エズ グッ ダッ コッキン
祖父母
grandparents
グレァーン(ト)ペアランツ
両親
parents
ペアランツ
妻
wife
ワイフ
夫
husband
ハズバン(ド)
おば
aunt
エァン(ト)
おじ
uncle
アンコゥ
おい
nephew
ネフュー
めい
niece
ニース
子どもたち
children
チェゥジュラン
むすめ
daughter
ダーラー
むすこ
son
サン
いとこ（たち）
cousins
カズンズ
ふたご
twins
トウィンズ

料理
Dishes
デッシェズ

レストランのメニュー。とってもおいしそう！　おなかがすいてきたよ。きみはなにを注文する？

カレーライス
curry and rice
カーリ　アン(ド)　ライス

スパゲッティ
spaghetti
スパゲッリ

オムレツ
omelet
アームレッ(ト)

フライドチキン
fried chicken
フラーイッ　チェケン

ハンバーガー
hamburger
ヘァンバーガー

フライドポテト
French fries
フレンチ　フラーィズ

グリーンサラダ
green salad
グリーン　セァラッ(ド)

サンドイッチ
sandwiches
セァンウィチェズ

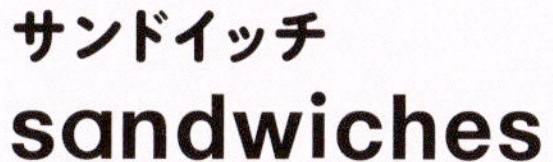

ホットドッグ
hot dog
ハーッ　ドーッ(グ)

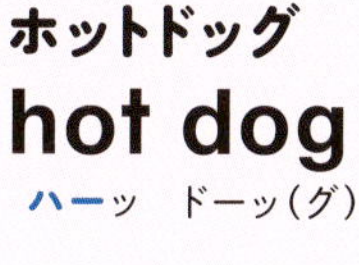

なにになさいますか？
What would you like?
ワッ(ト)　ウォ　ジュ　ライ(ク)

サンドイッチとサラダをください。
I'd like sandwiches and a salad.
アーィ(ド) ライッ セァンウィチェズ
アン　ド　セァラッ(ド)

ハンバーグ
hamburger steak
ヘァンバーガー　ステイッ(ク)

はい。デザートはなにをおもちしましょうか？
OK. What would you like for your dessert?
オゥケーィ　ワッ(ト)　ウォ　ジュ　ライ(ク)
フォ　ヨ　デザー(ト)

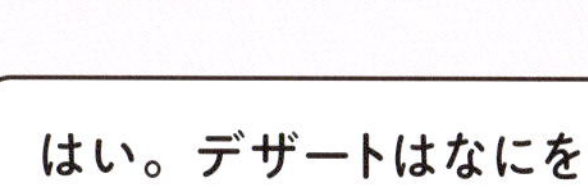

アイスクリーム
ice cream
アィス　クリーン(ム)

アイスクリームをください。
Well, I'd like an ice cream please.
ウェォ, アーィ(ド) ライク
アン アイス クリーン　プリーズ

料理(りょうり)

Dishes デッシェズ

チャーハン
fried rice
フラーィド　ライス

トースト
toast
トウス(ト)

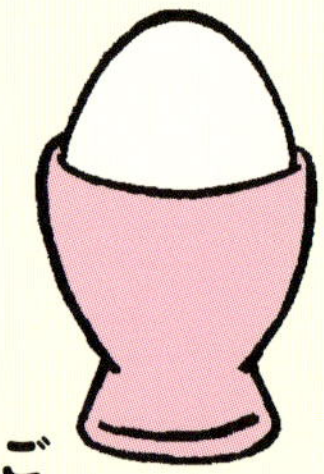

ゆでたまご
boiled egg
ボーィオ　デー(グ)

スクランブルエッグ
scrambled eggs
スクレァンボゥ　デーグス

スープ
soup
スーッ(プ)

目玉焼(めだまや)き
fried egg / sunny-side up
フラーイ　デー(グ)　サニーサイ　ダッ(プ)

※sunny-side upは、焼(や)きかたをあらわします。

マカロニサラダ
macaroni salad
メァカローニ　セァラッ(ド)
ステーキ
steak
ステイッ(ク)
シチュー
stew
ストゥー
ピザ
pizza
ピーッツァ
すし
sushi
スーシー
焼(や)き魚(ざかな)
grilled fish
グレゥ(ト)　フィッシ
みそしる
miso soup
ミーソ　スーッ(プ)

米、パン、めんなど Rice, Bread and Noodles

ゥライス　ブレーッ(ド)　エァン　ヌードゥズ

食卓にかかせない、お米、パン、めん。今日の給食で食べたものは、英語でなんていうのかな。

米 rice
ゥライス

ごはん
rice
ゥライス

おにぎり
rice ball
ゥライス　バーゥ

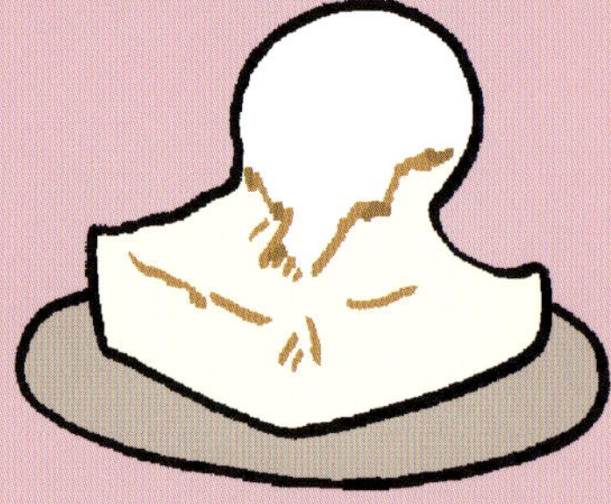

おもち
rice cake
ゥライス　ケイッ(ク)

めん類 noodles
ヌードゥズ

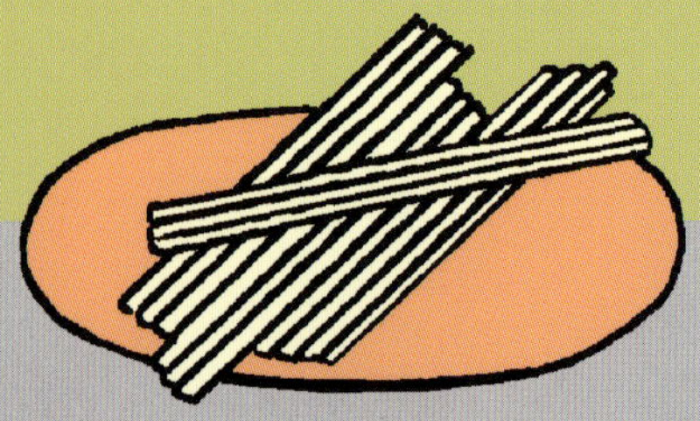

パスタ
pasta
パースタ

マカロニ
macaroni
メァカローニ

うどん / そば
Japanese noodles
ジェァパニーズ　ヌードゥズ

朝(あさ)ごはんにはなにを食(た)べる？
パンかな、お米(こめ)かな？
What do you eat for breakfast?
ワッ ドゥ ユ イーッ ファ ブレ(ク)ファス(ト)
Bread or rice?
ブレーッ(ド) オア ライス

パン bread ブレーッ(ド)

ロールパン
roll
ローウオ

丸(まる)パン
bun
バン

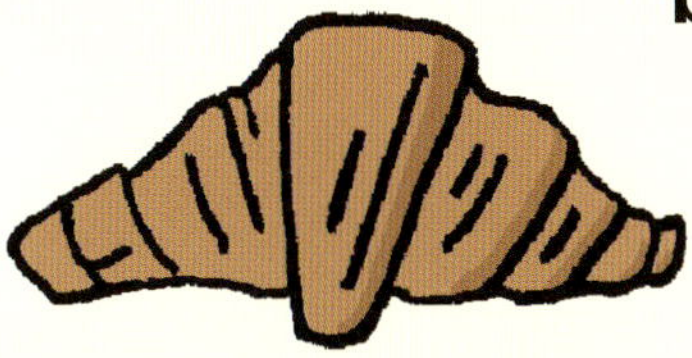

クロワッサン
croissant
クルワサーン

シリアル
cereal
スィリアォ

ジャム
jam
ジェアン(ム)

はちみつ
honey
ハニー

野菜 Vegetables

ヴェジタブォズ

毎日食べている野菜は英語でなんていうのかな。好ききらいしないでなんでも食べようね。

にんじん
carrot
ケラッ(ト)

じゃがいも
potato
パテイロウ

たまねぎ
onion
アニャン

セロリ
celery
セラリー

キャベツ
cabbage
ケァベッジ

トマト
tomato
トメイロウ

きゅうり
cucumber
キューカンバー

レタス
lettuce
レラス

ほうれんそう
spinach
スペネッチ

かぼちゃ
pumpkin
パンプケン

なす
eggplant
エッ(ク)プレァン(ト)

Let's speak English

トマトは好きですか？
Do you like tomatoes?
ドゥ　ユー　ライ(ク)　トメイロウズ
はい、好きです。
ほうれんそうも好きです。
Yes, I do.
イェス アイ ドゥー
I like spinach too.
アィ　ライク　スペネッチ　トゥー
それはすばらしいですね。
Wow, that's wonderful.
ワーォ，　デァツ　ワンダフォ

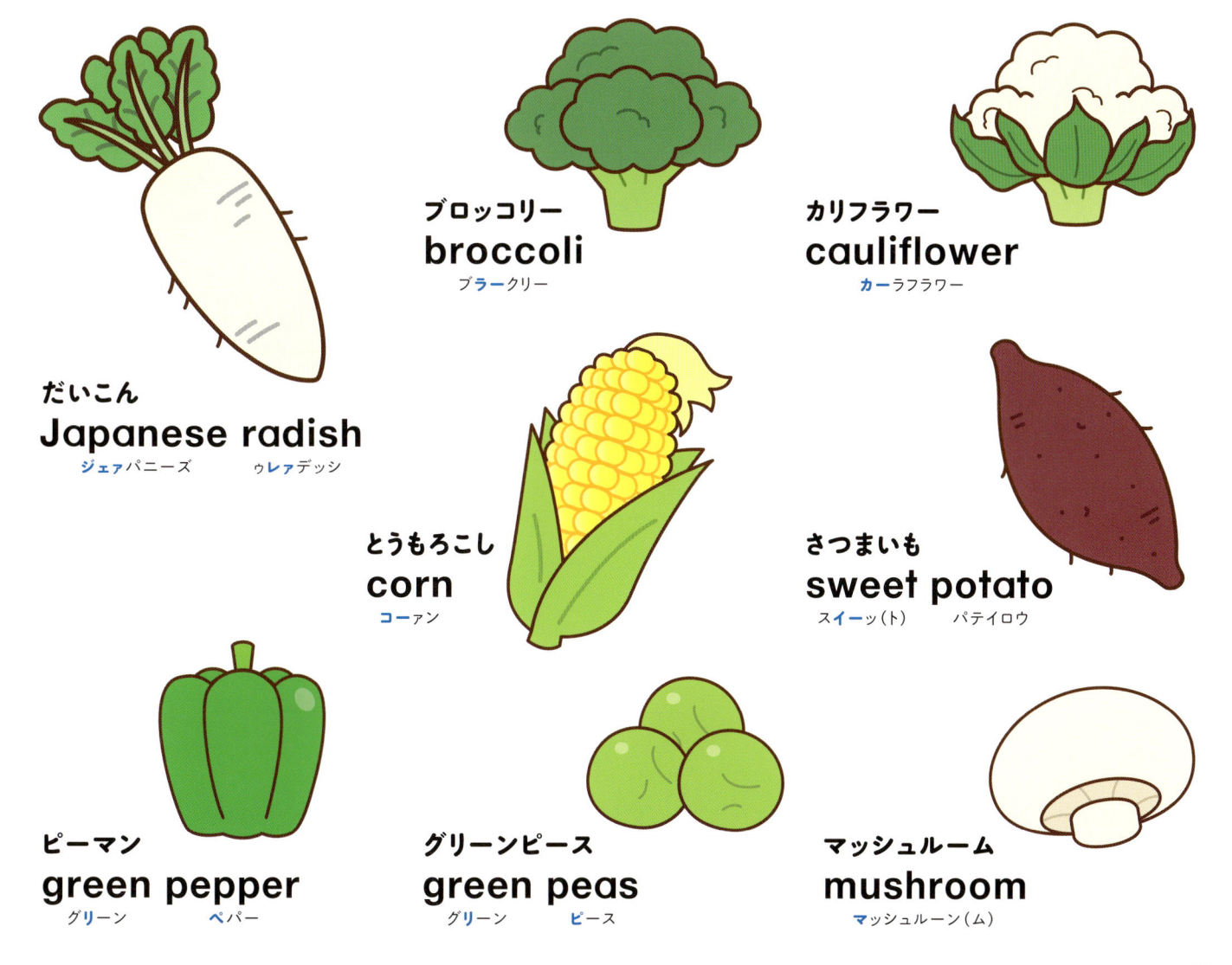

だいこん
Japanese radish
ジェァパニーズ　ゥレァデッシ

ブロッコリー
broccoli
ブラークリー

カリフラワー
cauliflower
カーラフラワー

とうもろこし
corn
コーァン

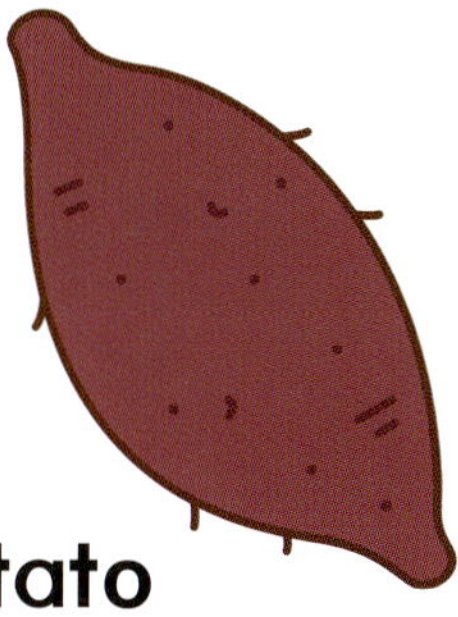

さつまいも
sweet potato
スイーッ(ト)　パテイロウ

ピーマン
green pepper
グリーン　ペパー

グリーンピース
green peas
グリーン　ピース

マッシュルーム
mushroom
マッシュルーン(ム)

くだもの Fruit

フルー(ト)

色(いろ)とりどりのくだものは、どれもおいしそうだね。どのくだものがいちばん好(す)きかな？

りんご
apple
エァポォ

バナナ
banana
バネァナ

オレンジ
orange
オーレンジ

さくらんぼ
cherries
チェリーズ

メロン
melon
メロン

レモン
lemon
レモン

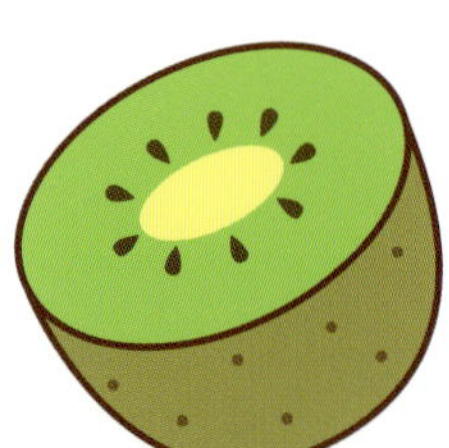

キウイ
kiwi fruit
キーウィ　フルー(ト)

ぶどう
grapes
グレイプス

スイカ
watermelon
ワーラーメーロン

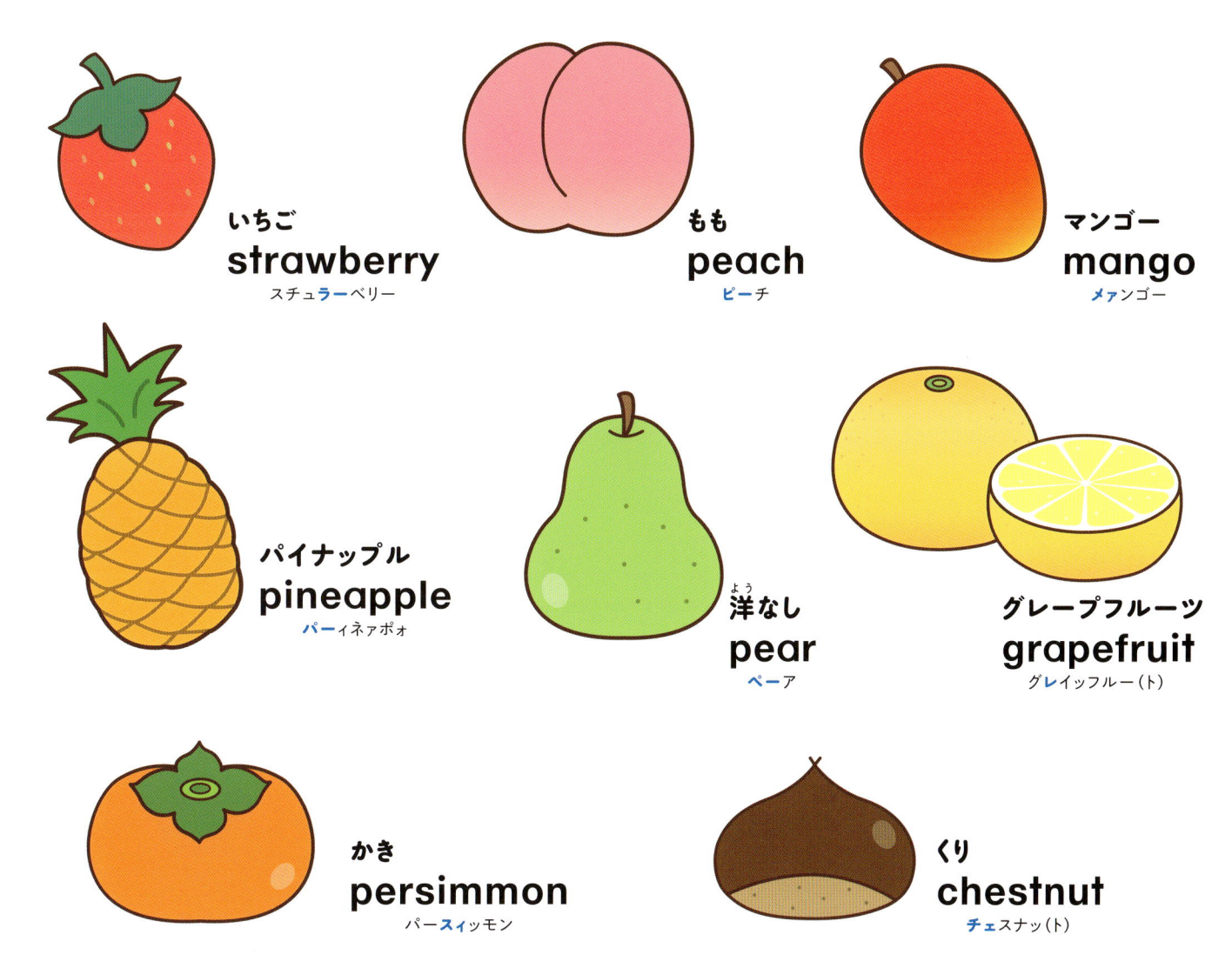

いちご
strawberry
スチュラーベリー

もも
peach
ピーチ

マンゴー
mango
メァンゴー

パイナップル
pineapple
パーィネァポォ

洋(よう)なし
pear
ペーア

グレープフルーツ
grapefruit
グレイッフルー(ト)

かき
persimmon
パースィッモン

くり
chestnut
チェスナッ(ト)

肉、シーフード

Meat and Seafood

ミー(ト)　アン　スィーフー(ド)

今日の夜ごはんはなにカレーかな？　シーフードサラダにはなにをいれよう？

ぶた肉
pork
ポー(ク)

牛肉
beef
ビーフ

とり肉
chicken
チッケン

ベーコン
bacon
ベイクン

ソーセージ
sausage
サーセージ

ハム
ham
ヘァン(ム)

ワカメ
wakame (seaweed)
ワカメー　スィーウィー(ド)
カキ
oyster
オイスター
貝
shellfish
シェォフィッシ
マグロ
tuna
トゥーナ
サケ
salmon
セァマン
タラ
cod
カー(ド)
クルマエビ
prawn
プラーン
小エビ
shrimp
シュリン(プ)
タコ
octopus
アー(ク)タプス
イカ
squid
スクウィー(ド)
カニ
crab
クレァ(ブ)

台所で In the kitchen
イン ダ キチェン

台所には、お料理につかう調味料がたくさんあるよ。冷蔵庫にはなにがあるかな？

塩 **salt** サーォ(ト)

こしょう **pepper** ペパー

砂糖 **sugar** シュガー

チーズ **cheese** チーズ

小麦粉 **flour** フラウワ

油 **oil** オイォ

バター **butter** バラー

オリーブオイル **olive oil** アーレ ヴォイォ

ヨーグルト
yogurt
ヨゥガー(ト)
ヨーグルト
たまご
eggs
エーグス
トマト
ケチャップ
ketchup
ケチャッ(プ)
マヨネーズ
mayonnaise
メヤネーズ
ドレッシング
dressing
ジュレッスィン
からし、マスタード
mustard
マスター(ド)
からし
しょうゆ
しょうゆ
soy sauce
ソーィ サース

デザート
Dessert
デザー(ト)

今日(きょう)はパーティー。わくわくするね。食(た)べたいものや飲(の)みたいものを英語(えいご)でおしえてね。

あまくておいしい!
It's sweet and yummy!
イッ スウィー(ト) アン ヤミー

キャンディ
candies
ケアンディーズ

チョコレート
chocolate
チャークレッ(ト)

グミ
gumdrops
ガンジュラープス

クッキー
cookies
クキーズ

ドーナツ大好(だいす)き。
I love donuts.
アーィ ラーヴ ドウナッツ

ドーナツ
donuts
ドウナッツ

パンケーキ
pancakes
ペァンケイクス

ケーキ
cake
ケイ(ク)

パイ
pie
パーィ

カスタードプリン
custard pudding
カスターッ プディン

スナックがし
snacks
スネァックス

ポップコーン
popcorn
パーッコーン

ポテトチップス
potato chips
パテイロウ チェップス

おせんべい
rice crackers
ゥライス クレァカーズ

ゼリー
jelly
ジェリー

Let's speak English

のどがかわいたな。

I'm thirsty.
アイン **サー**スティ

オレンジジュースを飲(の)みますか?

Would you like
ウォ ジュー **ライ**ッ

some orange juice?
サム **オー**レンジ **ジュー**ス

はい、お願(ねが)いします。ありがとうございます。

Yes, please. Thank you.
イェス プ**リー**ズ **セァ**ン キュー

パフェ
parfait
パー**フェイ**

コーヒー
coffee
カーフィー

紅茶(こうちゃ)
tea
ティー

緑茶(りょくちゃ)
green tea
グリーン **ティー**

牛乳(ぎゅうにゅう)
milk
メォ(ク)

ミネラルウォーター
mineral water
メネラォ ワーラー

オレンジジュース
orange juice
オーレンジ ジュース

コーラ
cola
コウラ

ソーダ
soda
ソウダ

家 House
ハオス

きみはどんな家に住んでいる？
右の会話コーナーを参考にして
英語でしょうかいしてみよう。

Let's speak English
わたしたちの家は赤い屋根です。
Our house has a red roof.
アワ ハオス ハ ザ レッ ルーフ
わたしたちはマンションに住んでいます。
部屋は3階です。
We live in an apartment.
ウィ レヴ ェン ナン ナパーッメン(ト)
Our room is on the 3rd floor.
アー ルーム エズ アン ダ サーッ フローァ
バルコニー
balcony
バーォカニー
犬小屋
kennel
ケノゥ
1階／下の階
downstairs
ダウンステーァズ
庭
yard
ヤー(ド)
へい／さく
fence
フェンツ
自転車
bicycle
バイセコゥ
近所の人
neighbor
ネイバー

居間（いま） Living room
レヴィン　ルーン（ム）

リビングには家族（かぞく）でつかうものがいろいろあるね。なにがどこにあるか、英語（えいご）で言（い）ってみよう。

天じょう（てん）
ceiling
スィーリン

電気、明かり（でんき、あ）
light
ライ（ト）

エアコン
air conditioner
エーア　クンディシュナー

テレビ
TV
ティーヴィー

カレンダー
calendar
ケァランダー

10 october
S M T W T F S
1 2 3 4 5 6
7 8 9 10 11 12 13
14 15 16 17 18 19 20
21 22 23 24 25 26 27
28 29 30 31

カーテン
curtain
カーツン

新聞（しんぶん）
newspaper
ヌースペイパー

電話（でんわ）
telephone
テラフォウン

そうじ機（き）
vacuum cleaner
ヴェァキュン　クリーナー

ほこり
dust
ダス（ト）

カーペット
carpet
カーペッ（ト）

Let's speak English

絵はどこにあるの？

Where is **the picture**?

ウェア　レズ　ダ　ペ(ク)チャー

かべにかかっているよ。

It's on the wall.

イッツ　オーン　ダ　ワーォ

今日の新聞はどこかな？

Where is **today's newspaper**?

ウェア　レス　トゥデイズ　ヌースペーパー

テーブルの上にあるわよ。

It's on the table.

イッツ　オーン　ダ　テイボォ

絵
picture
ペ(ク)チャー

クッション
cushion
クッシャン

写真
photo
フォウロウ

ソファ
sofa
ソウファ

花びん
vase
ヴェイス

ゆか
floor
フローア

台所 Kitchen

キチェン

キッチンでみんなお手伝いをしているよ。いろいろな道具の英語のなまえを覚えてみよう。

食器だな
cupboard
カバー(ド)

冷蔵庫
fridge,
フリッジ
refrigerator
レフリジェレイター

電子レンジ
microwave oven
マイクラウェーヴ アヴン

トースター
toaster
トウスター

生ごみ
garbage
ガーベッジ

まな板
cutting board
カリン ボー(ド)

フォーク
fork
フォーァ(ク)

皮むき器
peeler
ピーラー

あわ立て器
whisk
ウィスク

ナイフ
knife
ナイフ

スプーン
spoon
スプーン

おたま
ladle
レイドゥ

ボウル
(mixing) bowl
メクスィン ボウォ

包丁
kitchen knife
キチェン ナイフ

コンロ
stove
ストウヴ

なべ
pot
パー(ト)

ふた
lid
レッ(ド)

やかん
kettle
ケロォ

テーブル
table
テイボォ

Let's speak English

わたしのカップはどこ？
Where is my cup?
ウェア　レズ　マィ　カッ(プ)
食器だなの中にあると思うけど。
I think it's in the cupboard.
アィ　フェン　ケッ　ツィン　ダ　カバー(ド)
あった！ありがとう。
Oh, here it is!
オゥ，　ヒア　レ ティズ
Thank you.
セァン　キュー

ざる
colander
カーランダー

コップ
glass
グレァス

エプロン
apron
エイプラン

はし
chopsticks
チャープスティックス

カップ
cup
カッ(プ)

皿
plate
プレイ(ト)

フライパン
frying pan
フラーイン　ペァン

(料理用の大きな) 皿
dish
ディッシ

わたしの部屋
My room
マイ　ルーン（ム）

きみのもちものがたくさんある部屋。どこになにがあるか英語でつたえてみよう。

まくら
pillow
ペッロウ

辞書
dictionary
デクシャネリー

日記
diary
ダイァリー

目覚まし時計
alarm clock
アラーン　クラーッ（ク）

電気スタンド
lamp
レァン（プ）

本だな
bookshelf
ブックシェォフ

パソコン
PC
ピースィー

つくえ
desk
デス（ク）

本
book
ブッ（ク）

雑誌
magazine
メァガズィーン

いす
chair
チェーア

ぼくの部屋だよ。
This is my room.
デッ　セズ　マィ　ルーン

ぼくの日記は辞書のとなりにあるよ。
My diary is by the dictionary.
マィ　ダイァリー　エズ　バーィ　ダ　デクシャネリー

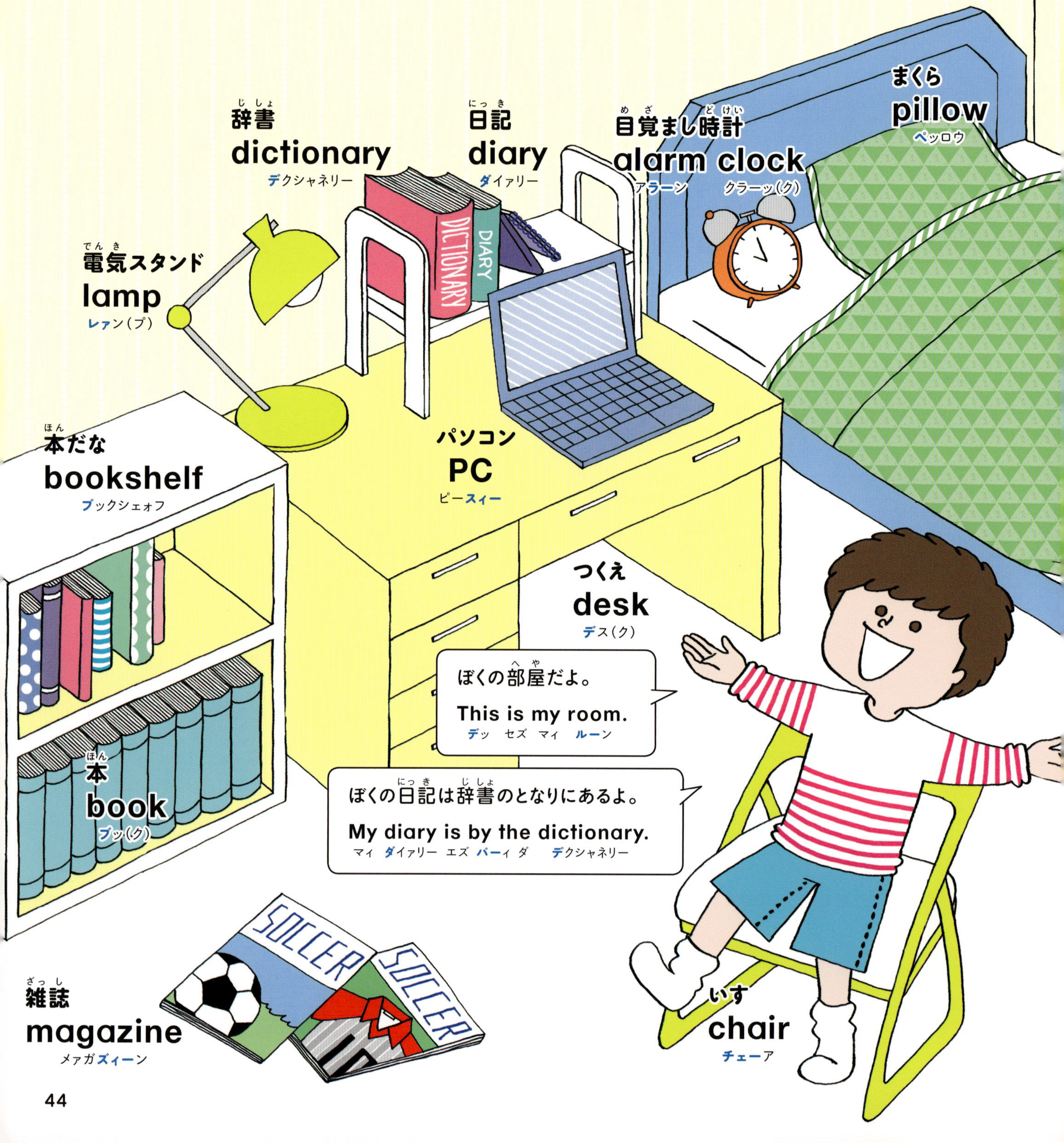

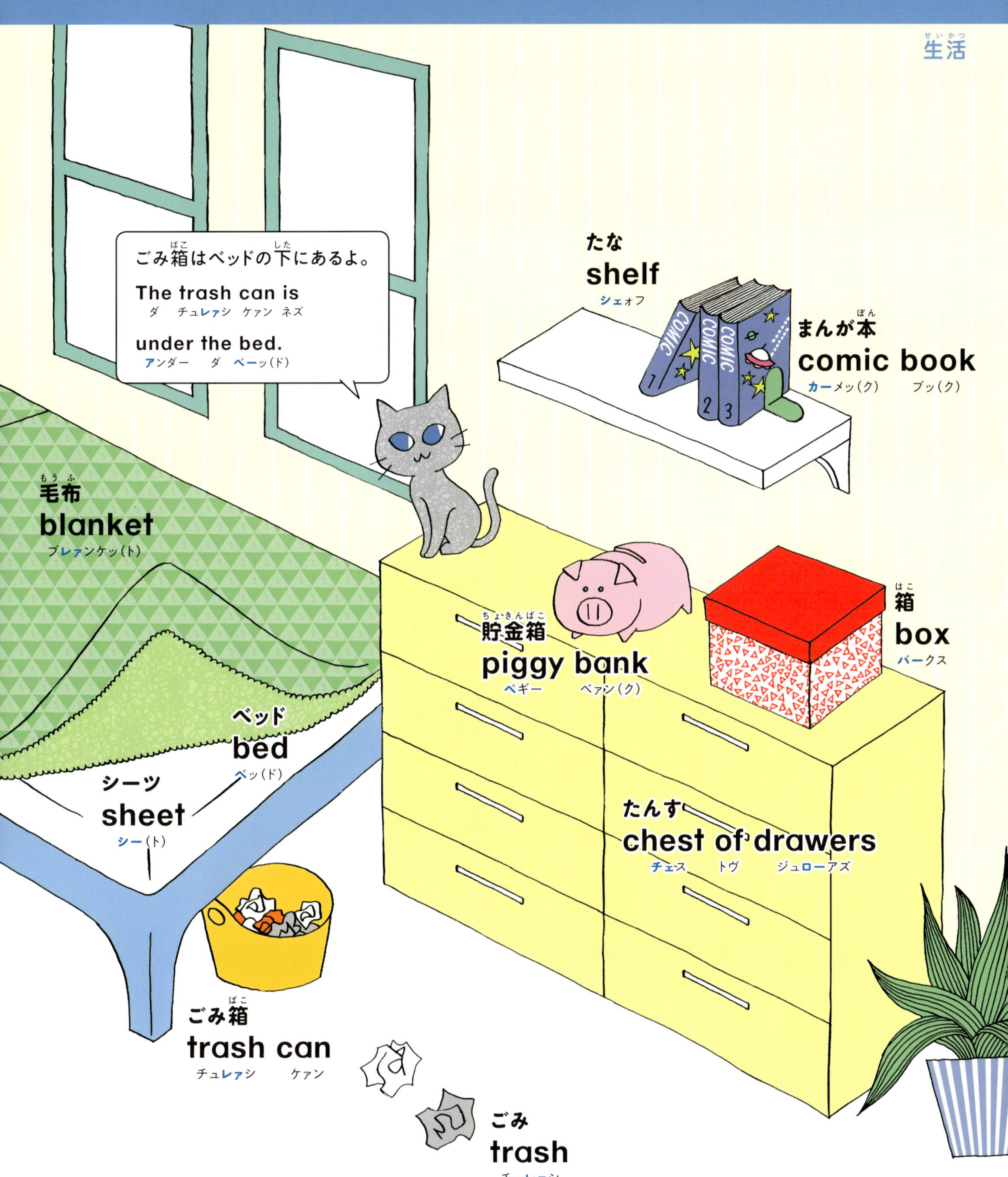
ごみ箱はベッドの下にあるよ。
The trash can is
ダ チュレァシ ケァン ネズ
under the bed.
アンダー ダ ベーッ(ド)
たな
shelf
シェオフ
まんが本
comic book
カーメッ(ク) ブッ(ク)
COMIC
毛布
blanket
ブレァンケッ(ト)
貯金箱
piggy bank
ペギー ベァン(ク)
箱
box
バークス
ベッド
bed
ベッ(ド)
シーツ
sheet
シー(ト)
たんす
chest of drawers
チェス トヴ ジュローアズ
ごみ箱
trash can
チュレァシ ケァン
ごみ
trash
チュレァシ

ふろ/トイレ/洗面所

Bathroom

ベァフルーン(ム)

欧米ではおふろもトイレもbathroomというよ。おふろとトイレがいっしょの部屋にあることも多いよ。

おふろにはいるよ。
I take a bath.
アィ テー カ ベァフ

シャワー
shower
シャウワー

シャンプー
shampoo
シェァンプー

コンディショナー
conditioner
クンディシュナー

スポンジ
sponge
スパンジ

石けん
soap
ソウッ(プ)

浴そう
bathtub
ベァフターッ(ブ)

洗面器
washbowl
ワーシボウォ

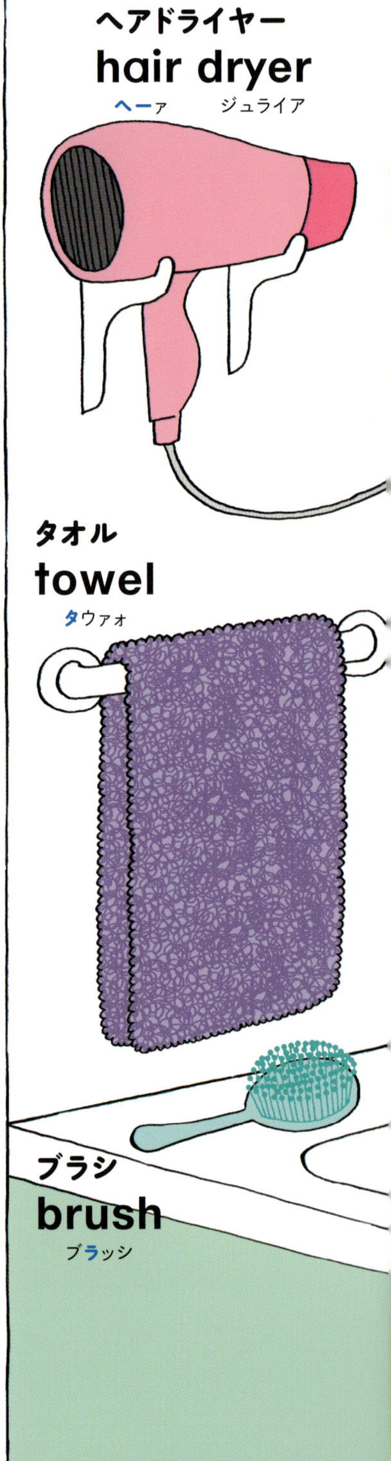

ヘアドライヤー
hair dryer
ヘーァ ジュライア

タオル
towel
タウァォ

ブラシ
brush
ブラッシ

Let's speak English

たいてい何時（なんじ）におふろにはいりますか？

What time do you usually take a bath?
ワッ ターィン ドゥ ユ ユージャリー テー カ ベァフ

いつも夜（よる）8時（じ）におふろにはいります。

I always take a bath at 8 o'clock at night.
アィ アーゥウェィス テー カ ベァフ アッ レイ ラクラーッ カッ ナイッ(ト)

トイレ
bathroom/toilet/rest room
ベァフルーン(ム) トイレッ(ト) ゥレスト ルーン(ム)

鏡（かがみ）
mirror
ミラー

トイレットペーパー
toilet paper
トイレッ(ト) ペイパー

歯（は）みがき粉（こ）
toothpaste
トゥーフペイス(ト)

じゃ口（ぐち）
faucet
ファーセッ(ト)

歯（は）ブラシ
toothbrush
トゥーフブラッシ

便器（べんき）
toilet
トイレッ(ト)

洗（せん）ざい
detergent
デタージェン(ト)

洗面台（せんめんだい）
sink
スィン(ク)

手（て）を洗（あら）うよ。

I wash my hands.
アィ ワーシ マィ ヘァンズ

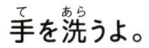

洗（せん）たく機（き）
washing machine
ワーシン マシーン

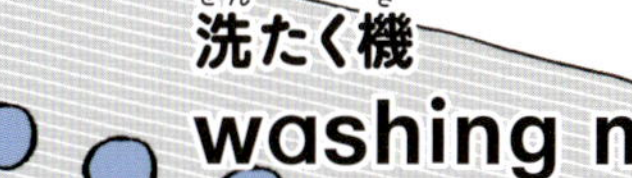

衣服（いふく） Clothes
クロウズ

英語（えいご）と日本語（にほんご）で言（い）いかたが似（に）ているものもたくさんあるね。音（おと）のちがいに気（き）をつけて言（い）ってみよう。

すてきなワンピースね。
とてもかわいいわ。
I like your dress.
アィ　ラィ　キャ　ジュレス
It's very pretty.
イツ　ヴェリー　プレティ

ありがとう。お気（き）に入（い）りなの。
Thank you. This is my favorite.
セァン　キュー　デッ　セズ　マィ　フェィヴァレッ（ト）

いいね。
That's nice.
デァツ　ナイス

パンツ（下着（したぎ））
underpants
アンダーペァンツ

めがね
glasses
グレァスィズ

キャップ
cap
ケァッ（プ）

パーカー
hoodie
ホディー

半（はん）ズボン
shorts
ショーァツ

Tシャツ
T-shirt
ティーシャー（ト）

くつ下（した）
socks
サーックス

スニーカー
sneakers
スニーカーズ

はだ着
undershirt
アンダーシャー(ト)
カーディガン
cardigan
カーデガン
ブラウス
blouse
ブラウス
リボン
ribbon
ゥレバン
スカート
skirt
スカー(ト)
ブレスレット
bracelet
ブレイスレッ(ト)
ネックレス
necklace
ネックレス
ブーツ
boots
ブーツ
タイツ
tights
タイツ
ゆびわ
ring
ゥリン
イアリング
earrings
イアリンズ
ぼうし
hat
ヘァッ(ト)
かばん
bag
ベァ(グ)
9:21
スマートフォン
smartphone
スマー(ト)フォウン
ワンピース
dress
ジュレス
ハンカチ
handkerchief
ヘァンケチェフ
さいふ
wallet
ワーレッ(ト)
かぎ
key
キー

衣服
Clothes クロウズ

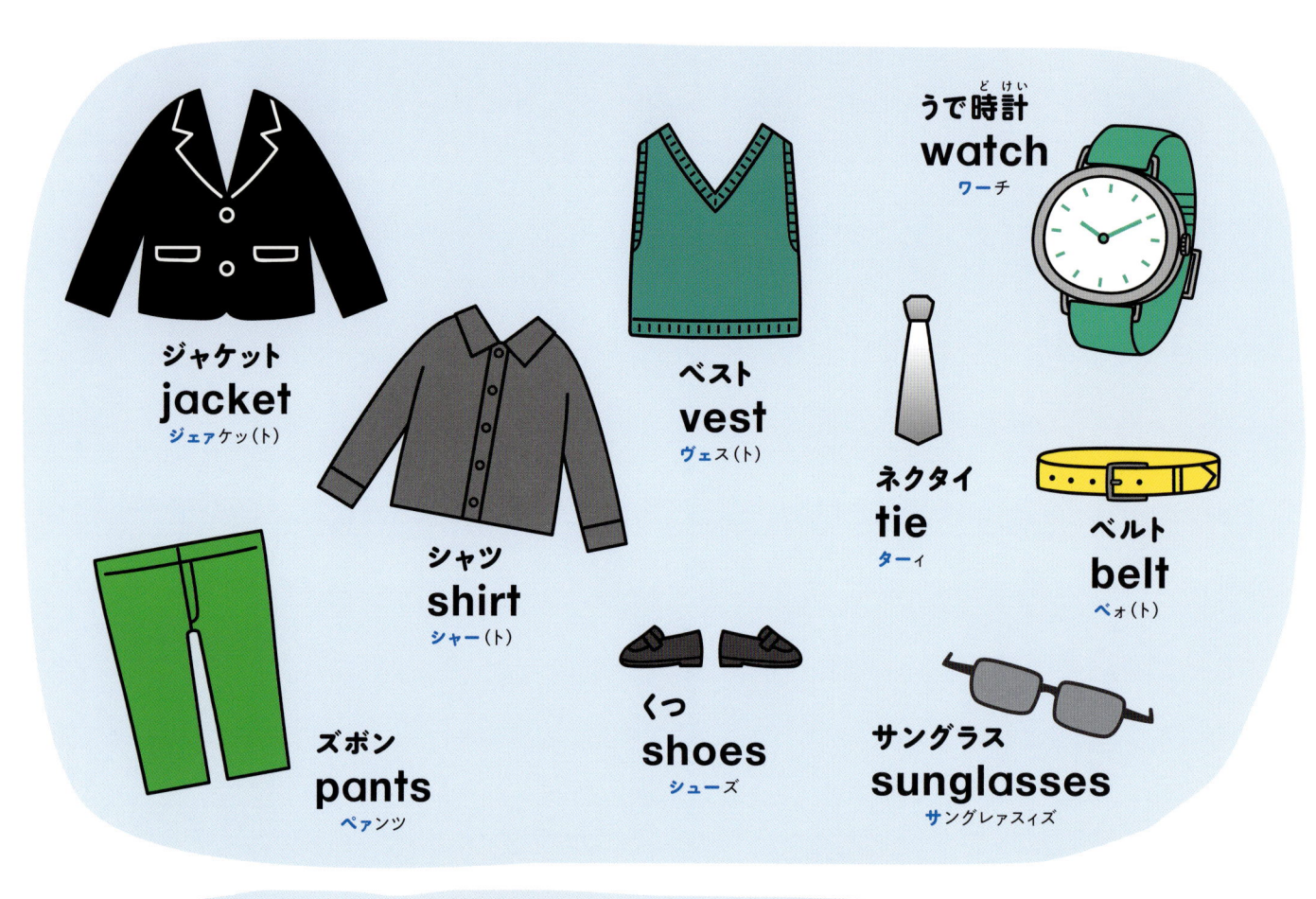

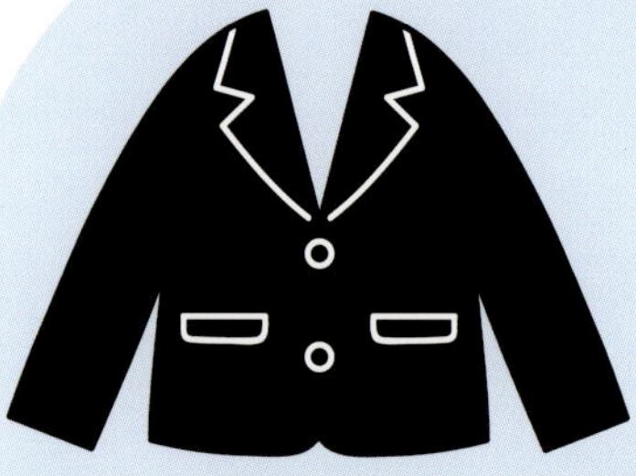

うで時計
watch
ワーチ

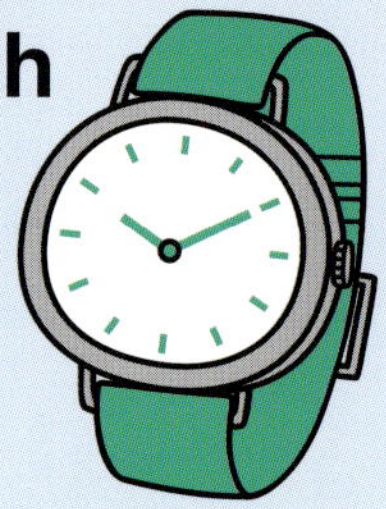

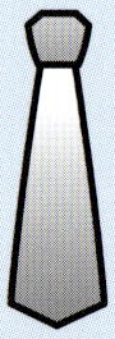

ジャケット
jacket
ジェァケッ(ト)

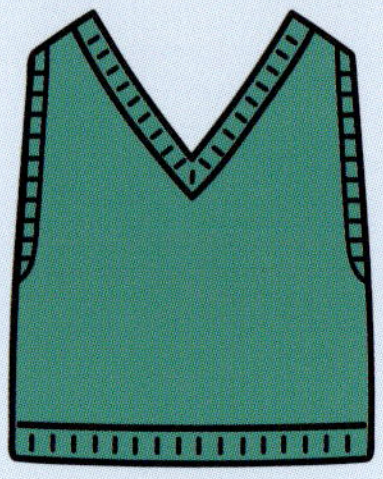

ベスト
vest
ヴェス(ト)

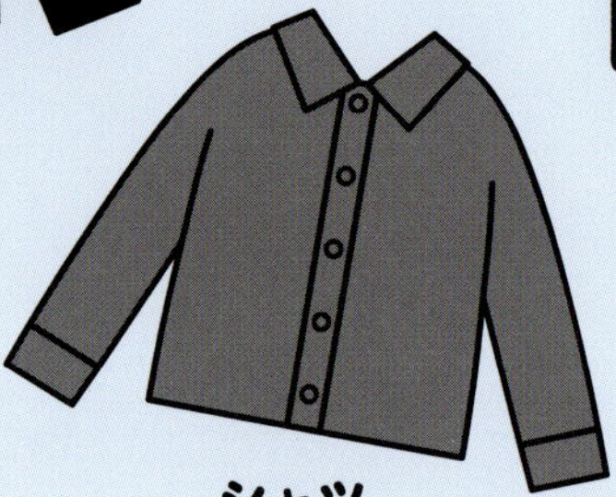

シャツ
shirt
シャー(ト)

ネクタイ
tie
ターィ

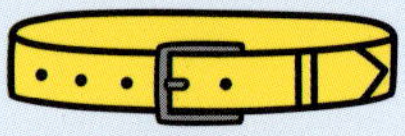

ベルト
belt
ベォ(ト)

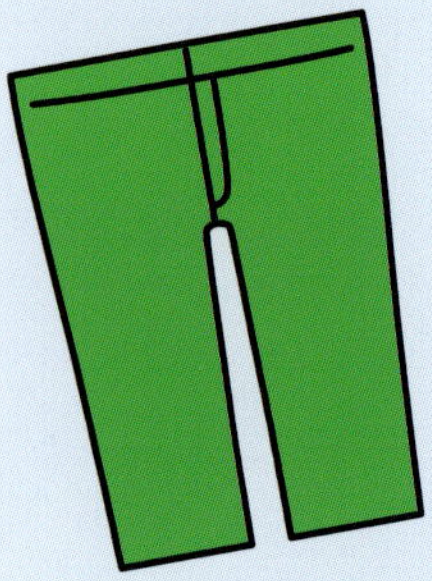

ズボン
pants
ペァンツ

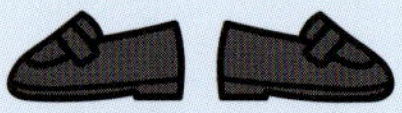

くつ
shoes
シューズ

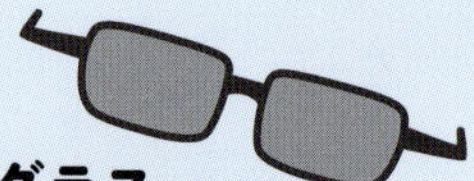

サングラス
sunglasses
サングレァスィズ

Let's speak English

キャップをもっている？
Do you have a cap?
ドゥ ユー ヘァ ヴァ ケァッ(プ)
キャップはないけど、ぼうしはもっているよ。
No, I don't. I have a hat.
ノー アィ ドウンッ(ト) アィ ヘァ ヴァ ヘァッ(ト)
そうなんだ。
I see.
アィ スィー

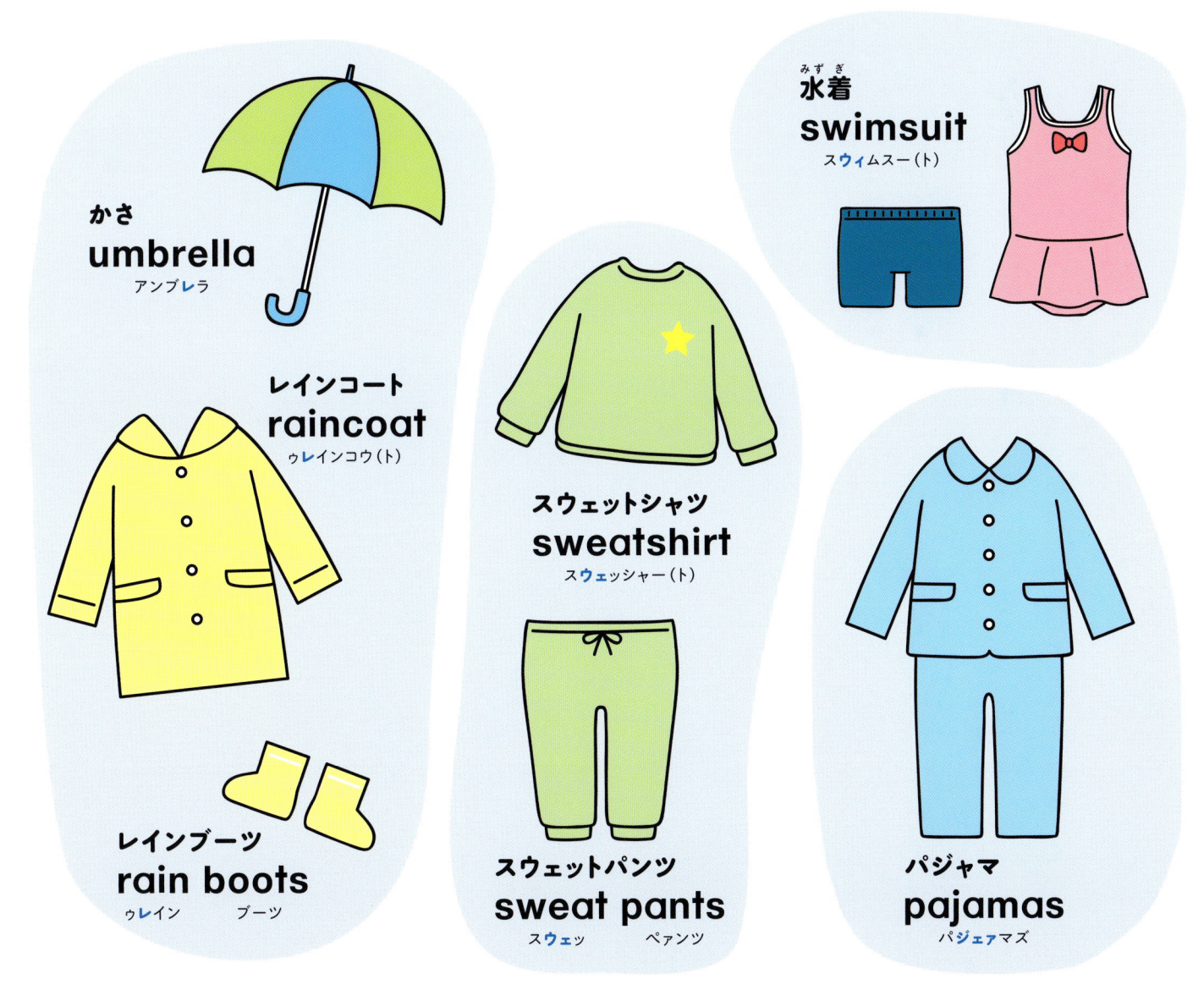

かさ
umbrella
アンブレラ

レインコート
raincoat
ゥレインコウ(ト)

レインブーツ
rain boots
ゥレイン ブーツ

スウェットシャツ
sweatshirt
スウェッシャー(ト)

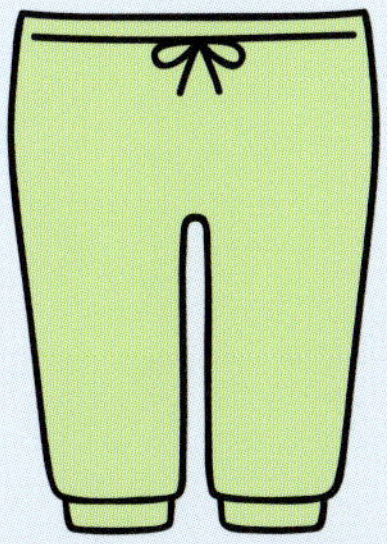

スウェットパンツ
sweat pants
スウェッ ペァンツ

水着（みずぎ）
swimsuit
スウィムスー(ト)

パジャマ
pajamas
パジェァマズ

学校
School
スクーォ

学校のなか。今日はどの場所に行くのかな？　学校に関することばを英語で言ってみよう。

校舎
school building
スクーォ　ベォディン

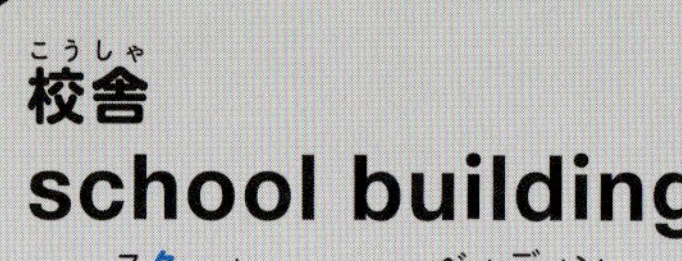

教室
classroom
クレァスルーン(ム)

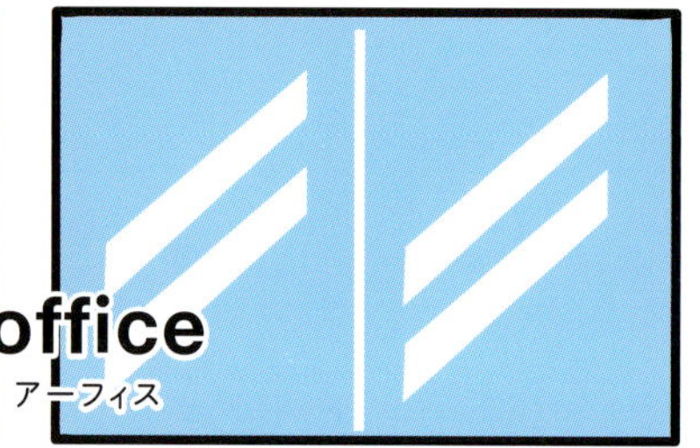

保健室
school nurse's office
スクーォ　ナースィズ　アーフィス

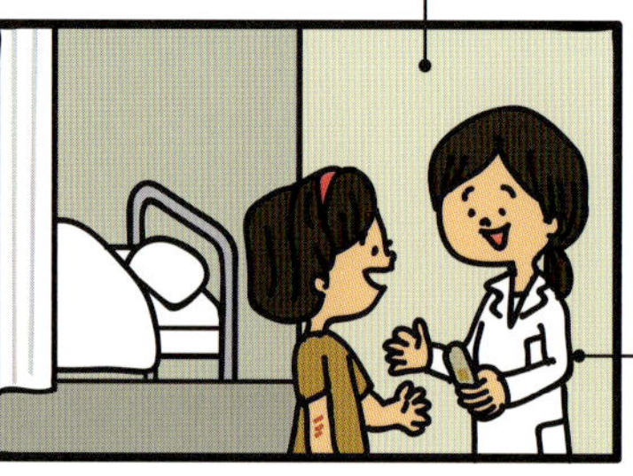

担任の先生
homeroom teacher
ホームルーン　ティーチャー

保健の先生
school nurse
スクーォ　ナース

昇降口（入り口）
entrance
エンチュランス

校長先生
principal
プリンスィパォ

校長室
principal's office
プリンスィパォズ　アーフィス

おはようございます。
Good morning.
グッ　モーァニン

校門
school gate
スクーォ　ゲイ(ト)

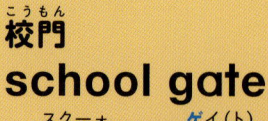

理科室
science room
サイアンス ルーン(ム)
図書室
library
ライブレーリ
校庭
playground
プレイグラウン(ド)
水泳プール
swimming pool
スウィミン プーォ
図工室
art room
アーッ ルーン(ム)
職員室
teachers' room
ティーチャーズ ルーン(ム)
体育館
gym
ジェン(ム)
副校長先生/教頭先生
vice-principal
ヴァイスプリンスィパォ

体育館で

In the gym

イン　ダ　ジェン(ム)

体育館でなにをしよう？　とび箱や平均台。体育でつかう道具は英語でなんていうのかな。

とび箱
vaulting horse
ヴァォティン　ホーァス

平均台
balance beam
ベァランツ　ビーン(ム)

得点
score
スコーァ

マット
mat
メァッ(ト)

バット
bat
ベァッ(ト)

ネット
net
ネッ(ト)

女の子
girl
ガーォ

友だち
friend
フレン(ド)
ボール
ball
バーゥ
ゴールリング
basketball hoop
ベァースケッバーゥ フーッ(プ)
ユニフォーム
uniform
ユーネフォーァン(ム)
一輪車
unicycle
ユーネサイコォ
シャトル
shuttlecock
シャロォカーッ(ク)
フラフープ
hula hoop
フーラ フーッ(プ)
ラケット
racket
ゥレァケッ(ト)
なわとび
jump rope
ジャンプ ロウ(プ)
男の子
boy
ボーィ

※フラフープは商標です。

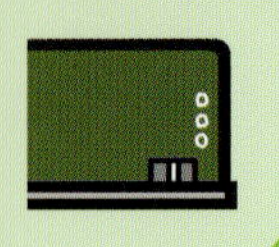

教室 Classroom

クレァスルーン(ム)

教室でみんな勉強しているよ。英語で先生に質問しているお友だちもいるね。

黒板
blackboard
ブレァ(ク)ボーァ(ド)

月

日

じしゃく
magnet
メァグネッ(ト)

黒板消し
blackboard eraser
ブレァ(ク)ボーァ ディレイサー

チョーク
chalk
チャーッ(ク)

時計
clock
クラーッ(ク)

地図
map
メァッ(プ)

黒板を見てください。
Please look at the blackboard.
プリーズ ロッ カッ ダ ブレァ(ク)ボーァ(ド)

生徒
student
ストューデン(ト)

先生
teacher
ティーチャー

地球ぎ
globe
グロウッ(ブ)

質問です。
I have a question.
アィ ヘァ ヴァ クウェスチャン

つくえ
desk
デス(ク)

いす
chair
チェーア

学年
grade
グレイ(ド)

ホワイトボード
whiteboard
ワイッボーァ(ド)

2年1組なかよく
あそぶクラス

温度計
thermometer
サーマーマラー

ランドセル
school backpack
スクーォ ベァッパッ(ク)

“addition” ってどういう意味？
What dose “addition” mean?
ワッ ダズ アデション ミーン

わからないな……。
Sorry, I don't know.
ソーリー, アィ ドーンッ ノーゥ

宿題
homework
ホームワー(ク)

クラスメート
classmate
クレァスメイッ(ト)

時間割
Class schedule
クレァッ　スケジュオ

いつも学校で勉強している教科は英語でなんていうのかな？きみはどの教科が好き？

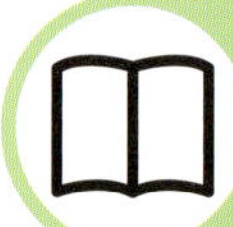

教科
school subjects
スクーォ　サブジェ(ク)ツ

書道

calligraphy
カリーグラフィー

社会
social studies
ソーシャゥ　スタディーズ

国語
Japanese
ジェァパニーズ

理科

science
サイアンス

図工
arts and crafts
アーツ　アン　クレァフツ

算数
math
メァフ

音楽
music
ミューズィッ(ク)

英語
English
イングレシ

道徳
moral education
モーロゥ　エジュケーシャン

家庭科
home economics
ホーム　エカナーメックス

体育
P.E. (physical education)
ピーイー　フィズィカォ　エジュケーシャン

水曜日に算数の授業はある？

Do you have math on Wednesday?
ドゥ ユー ヘァヴ メァフ オン ウェンズデイ

うん、あるよ。

Yes, I do.
イェッ サイ ドゥー

	M	T	W	T	F
1					算
2	算				
3				算	
4		算			
5					
6					

クラブ活動
club activity
クラブ エァクティヴェティ

休み時間
recess
ウリーセス

テスト
test
テス(ト)

給食
school lunch
スクーォ ランチ

どの教科がいちばん好き？

Which subject do you like best?
ウィッ サ(ブ)ジェッ ドゥ ユー ライッ ベス(ト)

英語がいちばん好き。おもしろいの！

I like English best. It's fun!
アーィ ライ(ク) イングレシ ベス(ト) イッツ ファン

ぶんぼうぐ

Stationery

ステーシャネーリ

学校(がっこう)やおうちでつかうぶんぼうぐ。きみはなにをもっている？英語(えいご)で言(い)ってみよう。

教科書(きょうかしょ)
textbook
テクス(ト)ブッ(ク)

ノート
notebook
ノウ(ト)ブッ(ク)

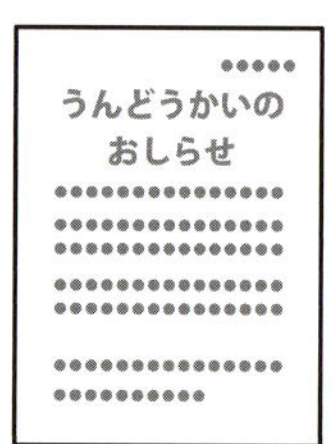

プリント
handout
ヘァンダウ(ト)

下(した)じき
plastic sheet
プレァスティック　シー(ト)

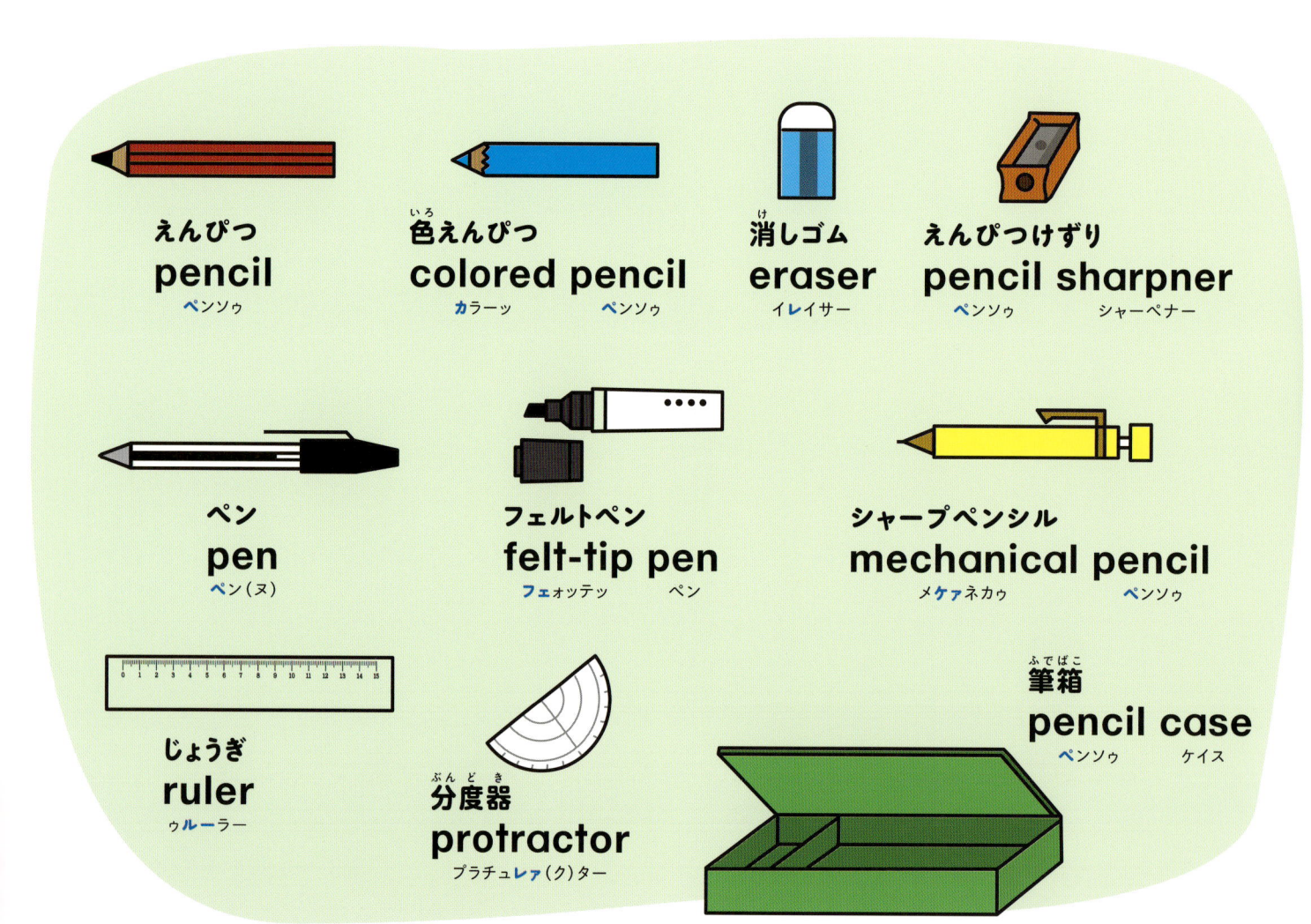

えんぴつ
pencil
ペンソゥ

色(いろ)えんぴつ
colored pencil
カラーッ　ペンソゥ

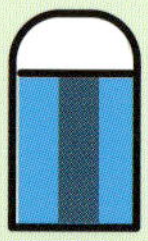

消(け)しゴム
eraser
イレイサー

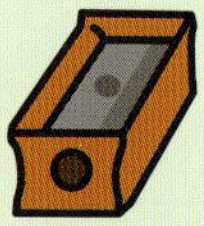

えんぴつけずり
pencil sharpner
ペンソゥ　シャーペナー

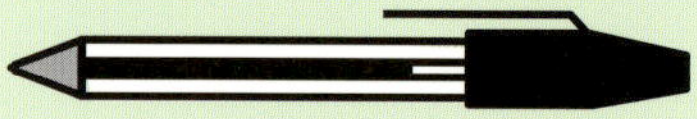

ペン
pen
ペン(ヌ)

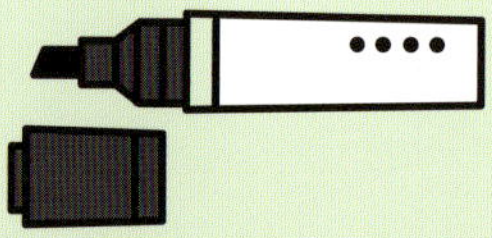

フェルトペン
felt-tip pen
フェオッテッ　ペン

シャープペンシル
mechanical pencil
メケァネカゥ　ペンソゥ

じょうぎ
ruler
ゥルーラー

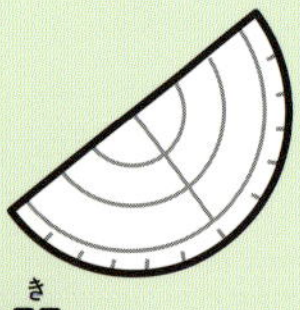

分度器(ぶんどき)
protractor
プラチュレァ(ク)ター

筆箱(ふでばこ)
pencil case
ペンソゥ　ケイス

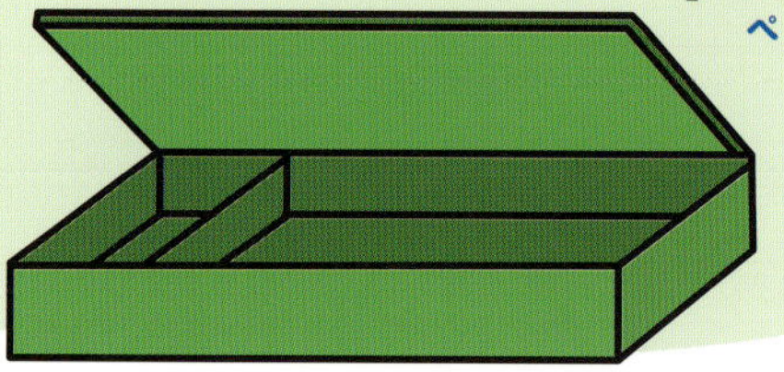

Let's speak English

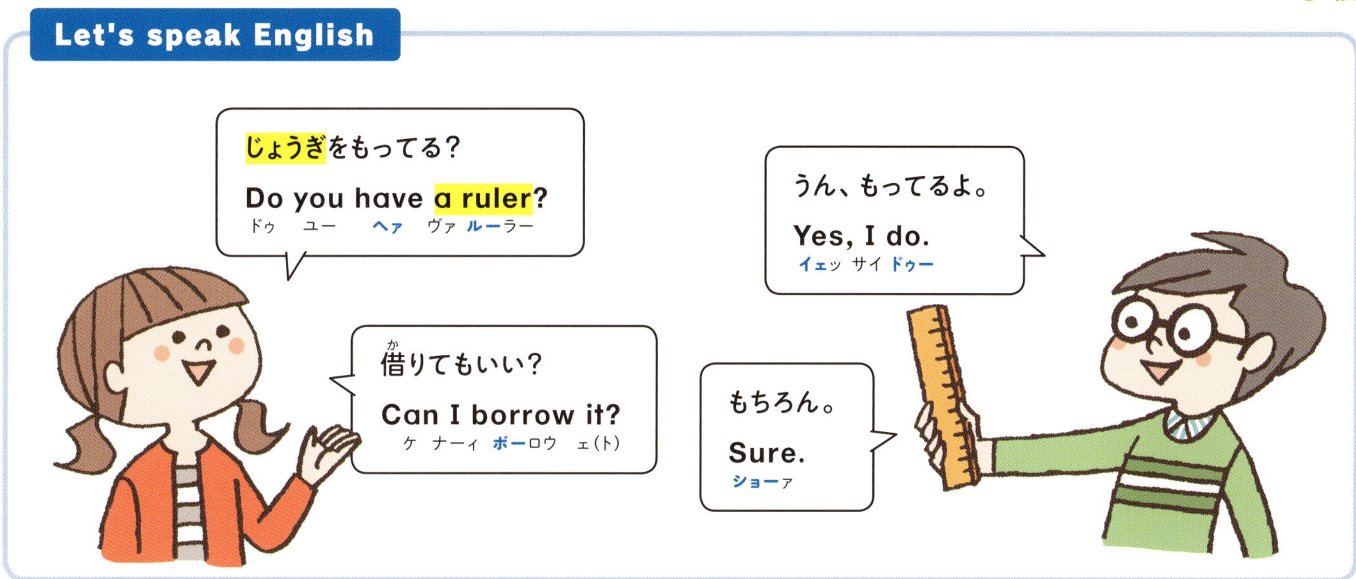

じょうぎをもってる？
Do you have a ruler?
ドゥ ユー ヘァ ヴァ ルーラー
うん、もってるよ。
Yes, I do.
イェッ サイ ドゥー
借（か）りてもいい？
Can I borrow it?
ケ ナーィ ボーロウ ェ(ト)
もちろん。
Sure.
ショーァ

はさみ
scissors
スィザーズ

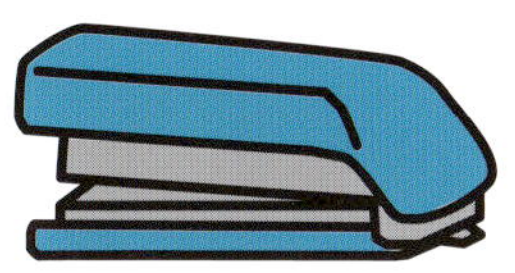

ホチキス
stapler
ステイプラー

スティックのり
glue stick
グルー スティッ(ク)

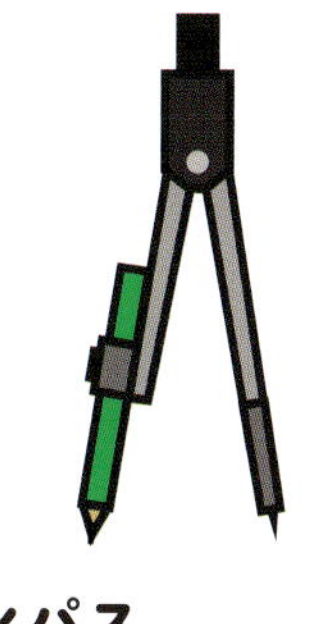

コンパス
compasses
カンパセズ

セロハンテープ
Scotch tape
スカーチ テイ(プ)

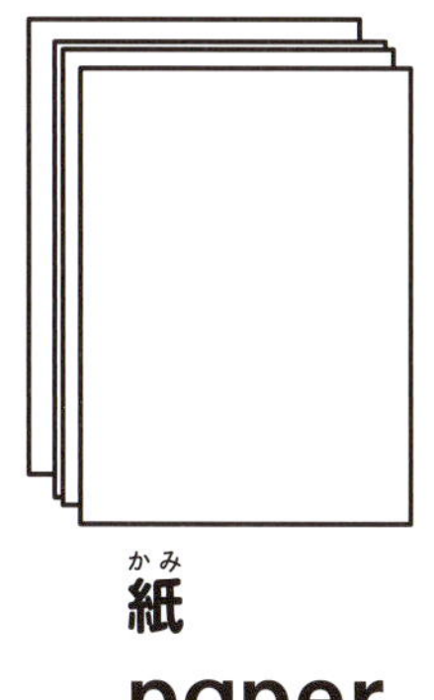

紙（かみ）
paper
ペイパー

絵（え）の具（ぐ）
paint
ペイン(ト)

クレヨン
crayon
クレイアーン

※Scotch tapeは商標（しょうひょう）です。

まち

Town

タオン

みんながくらすまちにはたくさんのお店があるね。きみの住んでいるまちにはなにがある？

コンビニエンスストア
convenience store
クンヴィーニアンッ　ストーア

ドラッグストア
drugstore
ジュラグストーア

カフェ
café
ケァフェー

ぶんぼうぐ屋さん
stationery store
ステイシャナリー　ストーア

おもちゃ屋さん
toyshop
トーィシャー（プ）

郵便局
post office
ポウス　ターフェス

郵便ポスト
mailbox
メイォバークス

交番
police box
パリース　バークス

本屋さん
bookstore
ブックストーア

パン屋さん
bakery
ベイカリー

Let's speak English

あなたのまちのことをおしえてください。

Please tell me about your town.
プリース　テォ　ミー　アバオ　チョ　タオン

はい。ぼくたちは三咲町(みさきちょう)に住(す)んでいます。
大(おお)きなスーパーマーケットと、すてきなパン屋(や)さんがあります。

All right. We live in Misaki-cho.
アーゥ　ライ(ト)　ウィー　レヴ　イン　ミサキチョウ

We have a big supermarket
ウィー　ヘァ　ヴァ ビーッ　スーパーマーケッ(ト)

and a nice bakery.
アン　ダ ナーィス　ベイカリー

花屋(はなや)さん
flower shop
フラウワ　シャー(プ)

レストラン
restaurant
ゥレストラーン(ト)

銀行(ぎんこう)
bank
ベァン(ク)

美容院(びよういん)
beauty salon
ビューリー　サラーン

スーパーマーケット
supermarket
スーパーマーケッ(ト)

ペットショップ
pet shop
ペッ(ト)　シャー(プ)

自動販売機(じどうはんばいき)
vending machine
ヴェンディン　マシーン

駅のまわり Around the station

アラーウン ダ ステイシャン

駅前のようすだよ。「横断歩道」や「交差点」って英語でなんていうのかな？

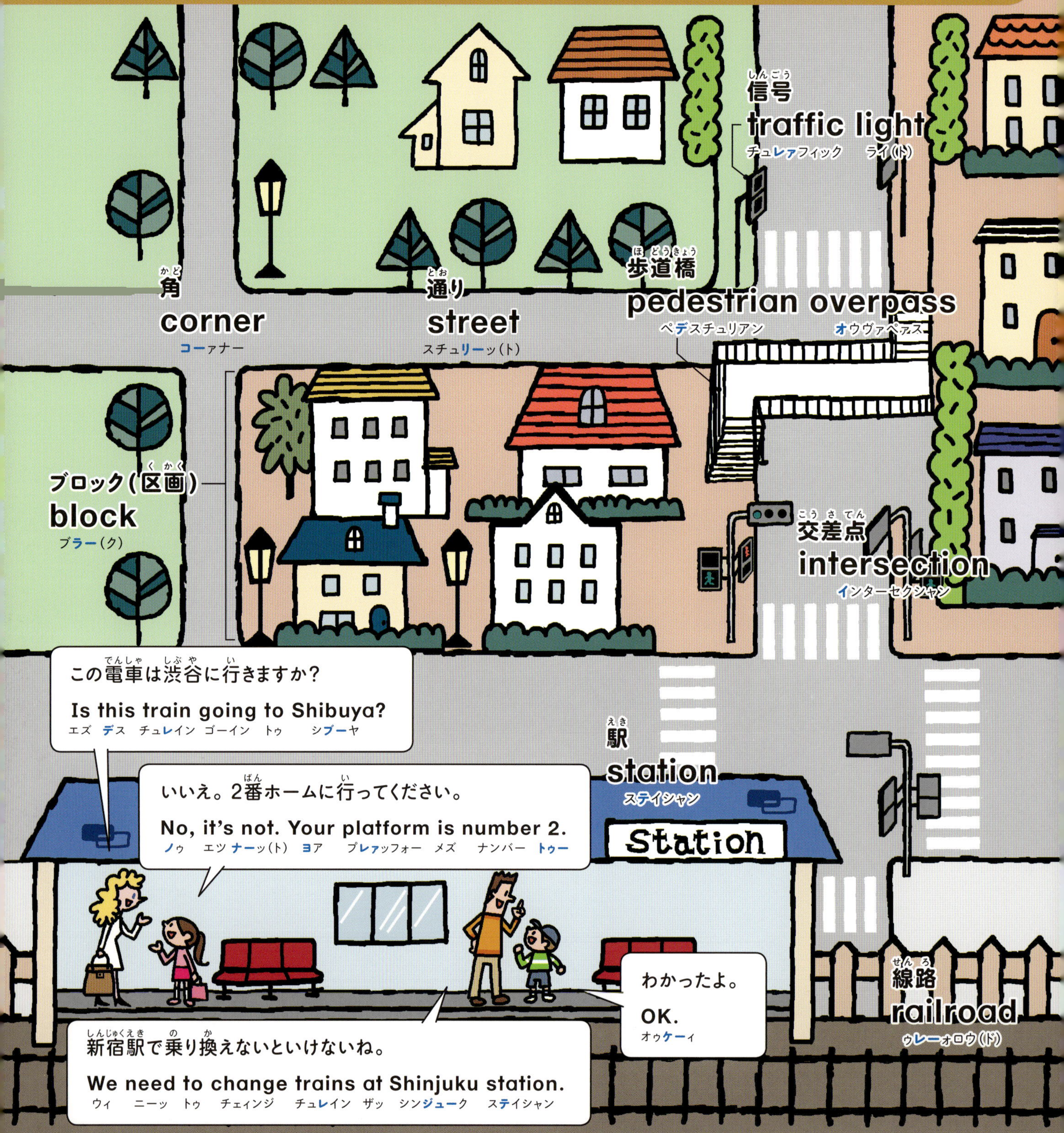

信号 traffic light チュレアフィック ライ(ト)

歩道橋 pedestrian overpass ペデスチュリアン オウヴァペアス

角 corner コーアナー

通り street スチュリーッ(ト)

ブロック(区画) block ブラー(ク)

交差点 intersection インターセクシャン

駅 station ステイシャン

線路 railroad ウレーオロウ(ド)

この電車は渋谷に行きますか？
Is this train going to Shibuya?
エズ デス チュレイン ゴーイン トゥ シブーヤ

いいえ。2番ホームに行ってください。
No, it's not. Your platform is number 2.
ノゥ エツ ナーッ(ト) ヨア プレァッフォー メズ ナンバー トゥー

わかったよ。
OK.
オゥケーィ

新宿駅で乗り換えないといけないね。
We need to change trains at Shinjuku station.
ウィ ニーッ トゥ チェィンジ チュレイン ザッ シンジューク ステイシャン

Let's speak English
伊勢神宮に行きたいのですが。
I want to go to Ise-jingu.
アィ ワーン トゥ ゴウ トゥ イセ ジングー
バスかタクシーで行けますよ。タクシーのほうがいいかもしれません。
You can take a bus or a taxi.
ユー クン テイ カ バス オア ア テァクスィ.
I think a taxi is easier.
アィ フィン カ テァクスィ イズ イーズィア
map
BUS STOP
TAXI
横断歩道
crosswalk
クラースワー(ク)
街灯
street light
スチュリーッ(ト) ライ(ト)
標識
sign
サーィン
40
道路
road
ゥロウ(ド)
バス停
bus stop
バッ スター(プ)
BUS

公園
Park
パー(ク)

公園でいつもなにをして遊ぶ？ もののなまえや、お友だちとのやりとりを英語で言ってみよう。

ベンチ
bench
ベンチ

ブランコ
swings
スウィンズ

ふん水
fountain
ファオンテン

池
pond
パーン(ド)

カモ
duck
ダッ(ク)

待ってー!
Wait!
ウェーィ(ト)

ぼくもやりたい。
Let me try.
レッ　ミー　チュラーィ

いいよ。
Sure.
ショーァ

おっと! ごめんね。
Oops! Sorry.
ウップス　ソーリー

だいじょうぶだよ。
It's OK.
イッツ　オーケーィ

バケツ
bucket
バケッ(ト)

砂場
sandbox
セァン(ド)バークス

シャベル
shovel
シャヴォウ

木
tree
チュリー
花だん
flower bed
フラウワ　ベッ(ド)
気をつけて!
Watch out!
ワッ　チャオッ(ト)
ジャングルジム
jungle gym
ジャングォ　ジェン(ム)
コイ
carp
カー(プ)
わあ〜!
Yippee!
イェッピー
準備はいい?
Are you ready?
アー　ユー　レディ
あとちょっと!
Almost!
アーォモウス(ト)
すべり台
slide
スラーィ(ド)
シーソー
seesaw
スィーサー

まちの地図
City map
スィリー　メァッ(プ)

地図を見ながら、道案内をしてみよう。いろいろな場所への行きかたを英語で説明してみてね。

まち
水族館へはどう行けばいいですか？
How can I get to the aquarium?
ハォ ク ナイ ゲッ トゥ ディ アクウェーリアン(ム)
2番目の角を右にまがってください。
まっすぐ行けば、左側にあります。
Turn right at the second corner.
ターン ゥライッ(ト) アッ ダ セクン コーナー
Go straight and you can see it
ゴウ スチュレイ(ト) アン ユー クン スィー エット
on your left.
オン ニャ レフ(ト)
美術館
museum
ミューズィーアン
MONET
遊園地
amusement park
アミューズメン(ト) パー(ク)
消防署
fire station
ファーィア ステイシャン
警察署
police station
パリーッ ステイシャン
病院
hospital
ハースペタォ
図書館
library
ライブレーリ
BOOK
動物園への行きかたをおしえてください。
Can you tell me the way to the zoo?
ケ ニュー テォ ミ ダ ウェイ トゥ ダ ズー
3ブロックまっすぐ行って、左にまがってください。
そのまままっすぐ行けば、右側にありますよ。
Go straight for three blocks. Turn left.
ゴウ スチュレイッ ファ フリー ブラークス ターン レフ(ト)
You can see it on your right.
ユー クン スィー エットオン ニャ ライッ
どうもありがとう。
Thank you.
セアン キュー
公園
park
パー(ク)
ホテル
hotel
ホウテォ

お休(やす)みの日(ひ)

Holidays

ハラデイズ

休日(きゅうじつ)はなにをしてすごしている？きみの好(す)きなことを英語(えいご)でつたえてみよう。

キャンプ
camping
ケァンピン

テント
tent
テン(ト)

絵(え)をかくこと
painting
ペインティン

ハイキング
hiking
ハイキン

ねぶくろ
sleeping bag
スリーピン　ベァ(グ)

写真(しゃしん)をとること
taking pictures
テイキン　ペ(ク)チャーズ

ピクニック
picnic
ピクネッ(ク)

水(すい)とう
canteen / water bottle
ケァンティーン　ワーラー　バーロゥ

魚(さかな)つり
fishing
フィッシン

おべんとう箱(ばこ)
lunchbox
ランチバークス

バーベキュー
barbecue
バーベキュー

Let's speak English

どんな週末(しゅうまつ)だった？

How was your weekend?
ハオ　ワズ　ヨ　ウィーケン(ド)

とてもよかったよ。湖(みずうみ)のそばにキャンプに行(い)って、つりをしたんだ。

It was great. We went camping
イ(ト)　ワズ　グレイッ(ト)　ウィー　ウェンッ　ケァンピン

by the lake. We enjoyed fishing.
バイ　ダ　レイッ(ク)　ウィー　エンジョーィ(ド)　フィッシン

ジョギング
jogging
ジャーギン

歌(うた)をうたうこと
singing songs
スィンギン　サーンズ

買(か)いもの
shopping
シャーピン

編(あ)みもの
knitting
ニリン

もけいの車(くるま)を組(く)み立(た)てること
building model cars
ビォディン　マードウ　カーズ

(友(とも)だちと) 遊(あそ)ぶこと
playing with friends
プレーイン　ウィズ　フレンズ

読書(どくしょ)
reading
ウリーディン

休(やす)みの日(ひ)はなにをしてる？

What do you do on holidays?
ワッ　ドゥ　ユ　ドゥー　アン　ハーラデーィズ

Flower Shop

スポーツ Sports

スポーァツ

野球(やきゅう)やサッカー。きみはどんなスポーツが好(す)き？　得意(とくい)なスポーツを英語(えいご)で言(い)ってみよう。

野球(やきゅう)
baseball
ベイスバーゥ

サッカー
soccer/football
サーカー　フッバーゥ

テニス
tennis
テネス

バスケットボール
basketball
ベァスケッバーゥ

バレーボール
volleyball
ヴァーリバーゥ

ドッジボール
dodgeball
ダージバーゥ

陸上競技(りくじょうきょうぎ)
track and field/
チュレァッ　カン　フィーゥ(ド)
athletics
エァフレレックス

バドミントン
badminton
ベァドメンテン

ラグビー
rugby
ラ(グ)ビー

Let's speak English

サッカーが好きで毎日練習するよ。
ぼくはサッカーがうまいんだ。

I like soccer.
アィ ライッ サーカー

I practice every day.
アィ プレァクテッ セヴリ デイ

I am a good player.
アィ ア マ グッ プレイヤー

かっこいいな～!
Oh, that's cool!
オゥ, デァツ クーォ

運動
exercise
エクササーィズ

練習
practice
プレァクテス

チーム
team
ティーン(ム)

スポーツ

Sports

スポーアツ

マラソン
marathon
メァラサーン

体操(たいそう)
gymnastics
ジェムネァスティクス

卓球(たっきゅう)
table tennis
テイボゥ テネス

スキー
skiing
スキーイン

スケート
ice skating
アイッ スケイリン

バレエ
ballet
ベァレイ

かくとうぎ martial arts

マーシャゥ ラーツ

空手(からて)
karate
クラーリ

じゅうどう
judo
ジュードウ

ボクシング
boxing
バークスィン

レスリング
wrestling
ゥレスリン

Let's speak English
スポーツは得意？
Are you good at sports?
アー　ユー　グッ　ラッ　スポーァツ
そうでもないよ。
音楽のほうが好きかな。
No, not really.
ノゥ，　ナッ　リアリー
I like music better.
アィ ライッ ミューズィッ　ベラー

水泳 swimming

スウィミン

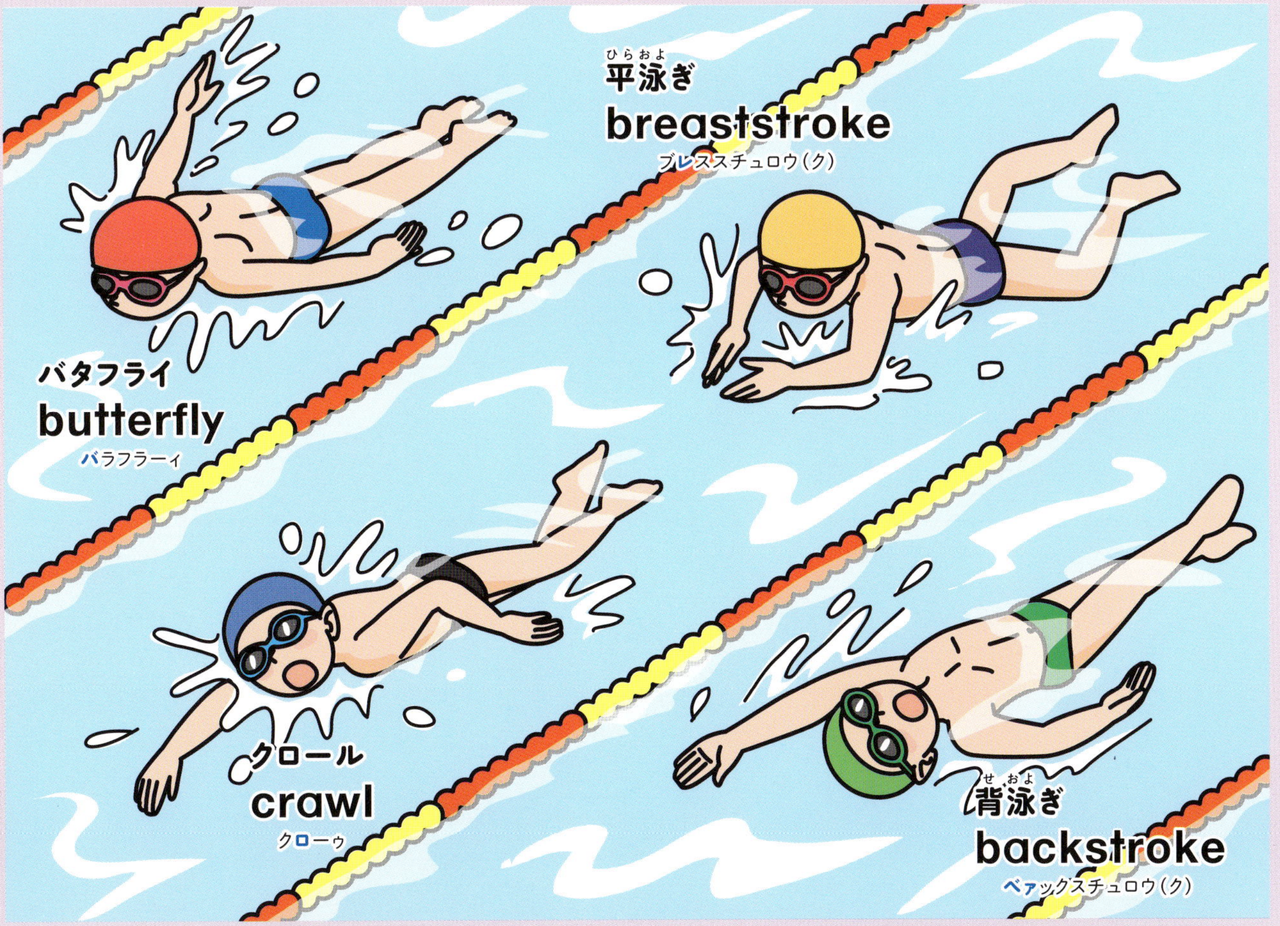

平泳ぎ
breaststroke
ブレススチュロウ(ク)

バタフライ
butterfly
バラフラーィ

クロール
crawl
クローゥ

背泳ぎ
backstroke
ベァックスチュロウ(ク)

楽器（がっき） Musical instruments

ミューズィコゥ　インスチュラメンツ

たくさんの種類（しゅるい）の楽器（がっき）があるね。きみはどの楽器（がっき）がひけるかな？

ギター
guitar
ゲター

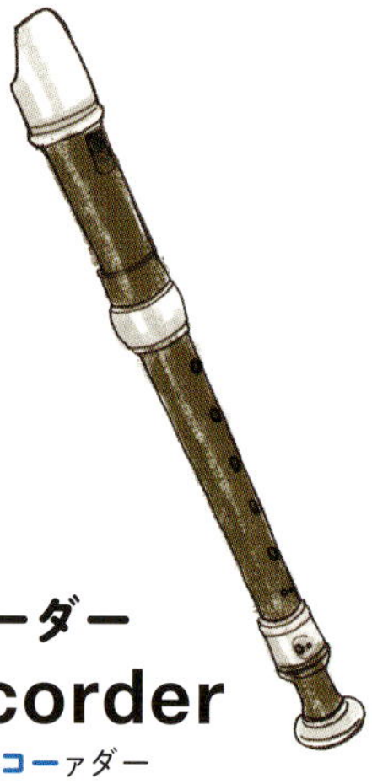

リコーダー
recorder
レコーァダー

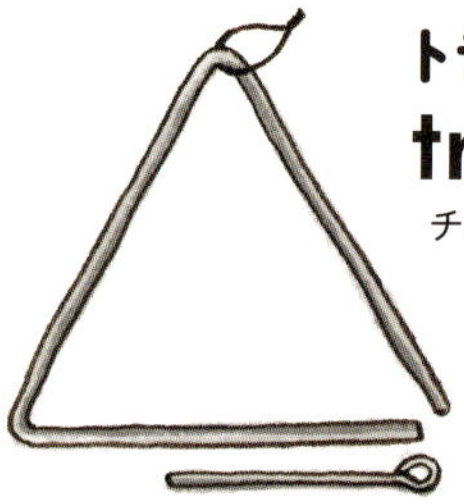

トライアングル
triangle
チュライエァンゴゥ

カスタネット
castanets
ケァスタネッツ

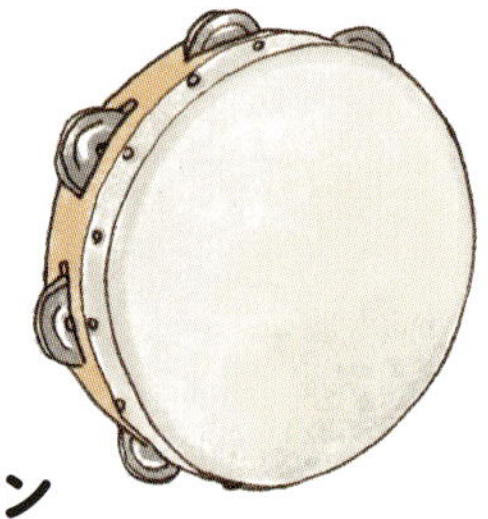

タンバリン
tambourine
テァンバリーン

ピアノ
piano
ピエァノウ

バイオリン
violin
ヴァイアリン

Let's speak English
バイオリンをひける？
Can you play the violin?
ケ ニュー プレーィ ダ ヴァイアリン
うん。わたしはバイオリンが得意(とくい)なのよ。
Yes, I can. I am good at playing the violin.
イェッ サイ ケァン アイ アマ グッ ラッ プレイエン ダ ヴァイアリン
すごいな！
That's awesome!
デァツ アーサン

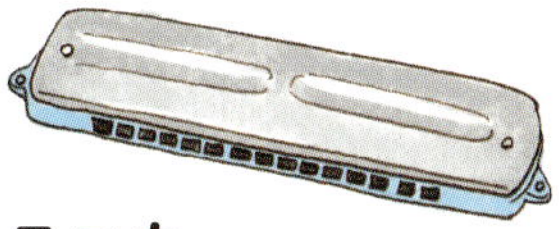

ハーモニカ
harmonica
ハァマーナカ

アコーディオン
accordion
アコーァディアン

トランペット
trumpet
チュランペッ(ト)

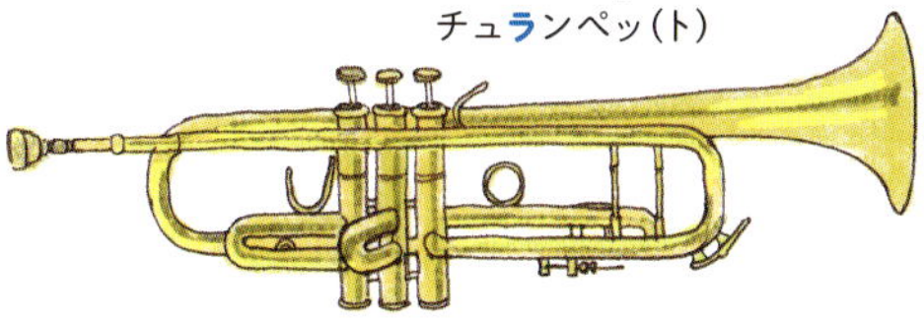

フルート
flute
フルー(ト)

クラリネット
clarinet
クレーラネッ(ト)

ドラム
drums
ジュラムズ

遊びとおもちゃ

Games and Toys

ゲイムズ　アン　トーィズ

お友だちとなにをして遊ぶ？ 好きなおもちゃはなに？ 英語で言ってみよう。

おにごっこ

tag

テァグ

かくれんぼ

hide-and-seek

ハイドゥンスィー（ク）

ボール遊び

throwing balls

フロウイン　バーゥズ

なわとび

jumping rope

ジャンピン　ロウ（プ）

トランプゲーム

card game

カー（ド）　ゲイン（ム）

ボードゲーム

board game

ボーァ（ド）　ゲイン（ム）

ビンゴゲーム

bingo

ビンゴウ

なぞなぞ

riddle

ゥレドゥ

早口ことば

tongue twister

タン　トウィスター

Let's speak English

かくれんぼしようよ。

Let's play **hide-and-seek**.
レッ　プレイ　ハイドゥンスィー（ク）

うん、しよう！

Yes, let's!
イェス，　レッ

ぼくは**おにごっこ**がしたい。

I want to play **tag**.
アーィ ワーン トゥ　プレイ　テァ（グ）

ボール
ball
バーゥ

ビー玉
marbles
マーボゥズ

さいころ
dice
ダイス

人形
doll
ダーゥ

ジグソーパズル
jigsaw puzzle
ジグサー　パゾゥ

ヨーヨー
yo-yo
ヨウヨウ

たこ
kite
カイ（ト）

ロボット
robot
ゥロウバッ（ト）

風船
balloon
バルーン

シール
stickers
スティカーズ

おもちゃのトラック
toy truck
トーィ　チュラッ（ク）

仕事 Jobs

ジャーブズ

おとなになったらどんな仕事をしたい？あこがれの仕事はあるかな？ 英語で話してみよう。

警察官
police officer
パリース　アーフェサー

消防士
firefighter
ファイァファイラー

会社員
office worker
アーフェス　ワーカー

医師
doctor
ダー(ク)ター

看護師
nurse
ナース

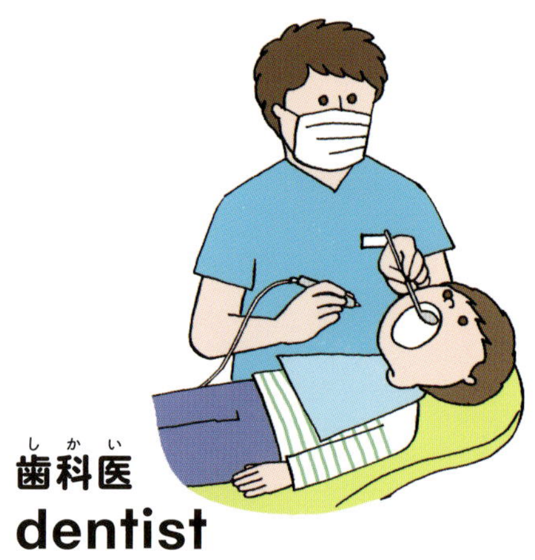

歯科医
dentist
デンテス(ト)

じゅう医
vet
ヴェッ(ト)

教師
teacher
ティーチャー

保育園の先生
nursery school teacher
ナーサリー　スクーォ　ティーチャー

将来(しょうらい)、なにになりたいですか?

What do you want to be
ワッ ドゥ ユー ワーン トゥ ビー

in the future?
エン ダ フューチャ

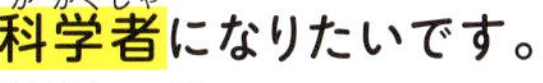

科学者(かがくしゃ)になりたいです。
勉強(べんきょう)が好(す)きなのです。

I want to be a scientist.
アィ ワーン トゥ ビ ア サイアンテス(ト)

I like studying.
アーィ ライッ(ク) スタディイン

バス運転手(うんてんしゅ)
bus driver
バス ジュライヴァー

タクシー運転手(うんてんしゅ)
taxi driver
テァクスィ ジュライヴァー

美容師(びようし)
hairdresser
ヘーァジュレサー

パン屋(や)さん
baker
ベイカー

コック
cook
コッ(ク)

科学者(かがくしゃ)
scientist
サイアンテス(ト)

仕事

Jobs ジャーブズ

花屋さん
florist
フローレス(ト)

農家
farmer
ファーマー

動物園の飼育員
zoo keeper
ズー キーパー

コンピュータプログラマー
computer programmer
クンピューラー プロゥグレァマー

大工
carpenter
カープンター

建築家
architect
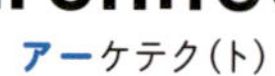
アーケテク(ト)

まんが家
cartoonist
カートゥーネス(ト)

芸術家
artist
アーレス(ト)

作家
writer
ゥライラー

役者(やくしゃ)
actor
エァ(ク)ター

芸人(げいにん)
comedian
カミーディアン

歌手(かしゅ)
singer
スィンガー

ピアニスト
pianist
ピエァネス(ト)/ピーアネス(ト)

野球選手(やきゅうせんしゅ)
baseball player
ベイスバーゥ　プレイアー

サッカー選手(せんしゅ)
soccer player
サーカー　プレイアー

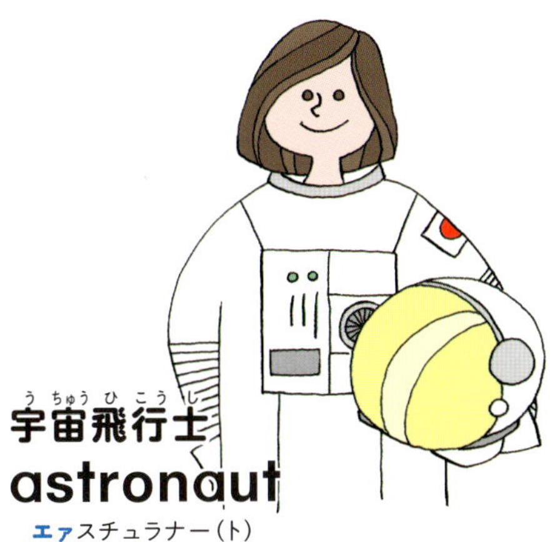

宇宙飛行士(うちゅうひこうし)
astronaut
エァスチュラナー(ト)

パイロット
pilot
パイラッ(ト)

客室乗務員(きゃくしつじょうむいん)
flight attendant
フライ　ラテンダン(ト)

のりもの Transportation

チュレァンスポァテイシャン

たくさんの種類ののりものがあるよ。英語のなまえをどれくらい知っているかな？

車／乗用車
car
カー

スポーツカー
sports car
スポーァツ　カー

タクシー
taxi
テァクスィ

バス
bus
バス

自転車
bicycle
バイセコゥ

オートバイ
motorcycle
モウラーサイコゥ

Let's speak English

遊園地にはどうやって行くの？

How can we go to the amusement park?

ハオ　クン　ウィ　ゴー　トゥ　ディ　アミューズメン(ト)　パー(ク)

電車か車で行けるわよ。

We can go by train or car.

ウィー　クン　ゴー　バイ　チュレイン　オア　カー

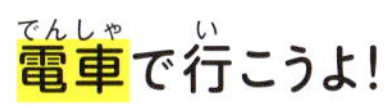

電車で行こうよ！

Let's go by train!

レツ　ゴー　バイ　チュレイン

電車
train
チュレイン

地下鉄
subway
サブウェイ

船
ship
シェッ(プ)

ヨット
yacht
ヤー(ト)

せん水かん
submarine
サブマリーン

ボート
boat
ボウ(ト)

Transportation チュレァンスポァテイシャン

クレーン車(しゃ)
crane truck
クレイン　チュラッ(ク)

ショベルカー
excavator
エクスカヴェイラー

ダンプカー
dump truck
ダン(プ)　チュラッ(ク)

ブルドーザー
bulldozer
ボゥドウザー

コンクリートミキサー車(しゃ)
cement mixer truck
サメン(ト)　メクサー　チュラッ(ク)

トラクター
tractor
チュレァ(ク)ター

トラック
truck
チュラッ(ク)

ひこうき　　　　き
飛行機/ジェット機
airplane/jet
エーァプレイン　ジェッ(ト)

ヘリコプター
helicopter
ヘラカー(プ)ター

パトカー
police car
パリース　カー

きゅうきゅうしゃ
救急車
ambulance
エァンビュランス

しょうぼうしゃ
消防車
fire engine
ファイァ　レンジェン

しゅうしゅうしゃ
ごみ収集車
garbage truck
ガーベッジ　チュラッ(ク)

小さい動物
Small animals
スマーォ　エァネモゥズ

犬やねこ、かわいい動物がたくさんいるね。きみのおうちにはペットはいる？

犬
dog
ダー(グ)

ワンワン
bowwow
バウワウ

ねこ
cat
ケァ(ト)

ニャー
meow
ミヤーオウ

子犬
puppy
パピー

ひげ
whiskers
ウィスカーズ

しっぽ
tail
テイォ

足
paw
パー

子ねこ
kitten
ケテン

うさぎ
rabbit
ゥレァベッ(ト)

たぬき
raccoon dog
ゥラクーン　ダー(グ)

きつね
fox
ファークス

Let's speak English
なにかペットを飼ってる?
Do you have any pets?
ドゥ ユー ヘァ ヴェニ ペッツ
うん、犬とねこを1ぴきずつ飼っているよ。
とってもかわいいよ!
Yes, we have a dog and a cat.
イェス, ウィー ヘァ ヴァダー(グ) アン ダ ケァ(ト)
They're so cute!
デア ソー キューッ(ト)
いいね。
Oh, that's nice.
オゥ, デァツ ナイス
ハムスター
hamster
ヘァムスター
モルモット
guinea pig
ゲニー ピッ(グ)
はりねずみ
hedgehog
ヘッジハー(グ)
(どぶ)ねずみ
rat
ゥレァッ(ト)
チュー
squeak
スクウィー(ク)
こうもり
bat
ベァッ(ト)
はつかねずみ
mouse
マウス
りす
squirrel
スクワーロゥ

動物園の動物
Zoo animals
ズー　エァネモゥズ

きみのいちばん好きな動物はなにかな？　理由もいっしょに英語で言えたらすごいね！

パンダ
panda
ペァンダ

ライオン
lion
ライアン

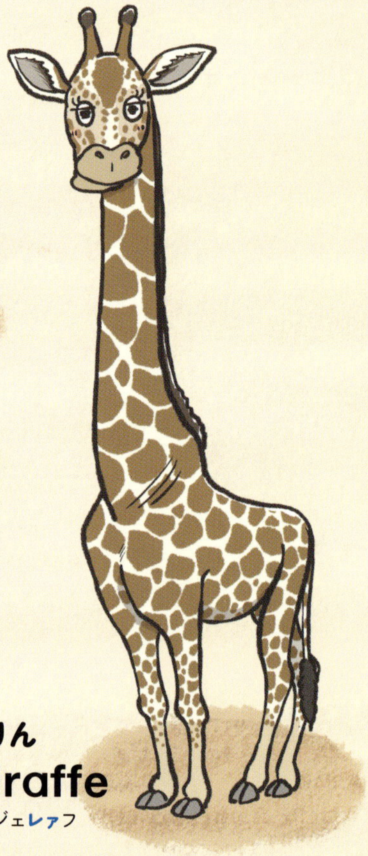

きりん
giraffe
ジェレァフ

さる
monkey
マンキー

ゴリラ
gorilla
ガリラ

オランウータン
orangutan
オレァングテァン

とら
tiger
タイガー

ひょう
leopard
レパー（ド）

しまうま
zebra
ズィーブラ

カンガルー
kangaroo
ケァンガルー

さい
rhinoceros / rhino
ゥライナーセロス　ゥライノウ

ぞう
elephant
エレファン（ト）

動物園の動物 Zoo animals ズー エァネモゥズ

ほっきょくぐま
polar bear
ポウラー ベーァ

くま
bear
ベーァ

コアラ
koala
コアーラ

ビーバー
beaver
ビーヴァー

かば
hippopotamus / hippo
ヘパパーラマス ヘッポウ

わに
alligator
エァラゲイラー

へび
snake
スネイ(ク)

Let's speak English

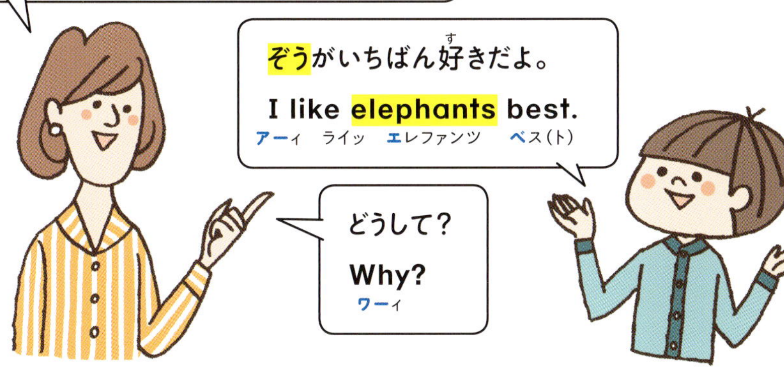

いちばん好きな動物はなに？

What animal do you like best?
ワッ(ト)　エァネマォ　ドゥ　ユー　ライッ　ベス(ト)

ぞうがいちばん好きだよ。

I like elephants best.
アーィ　ライッ　エレファンツ　ベス(ト)

どうして？

Why?
ワーィ

ぞうは鼻が長くて、
かっこいいと思うんだ。

They have long noses.
デイ　ヘァヴ　ローン　ノウゼズ

I think it's so cool.
アィ　フィン　ケッ　ソー　クーォ

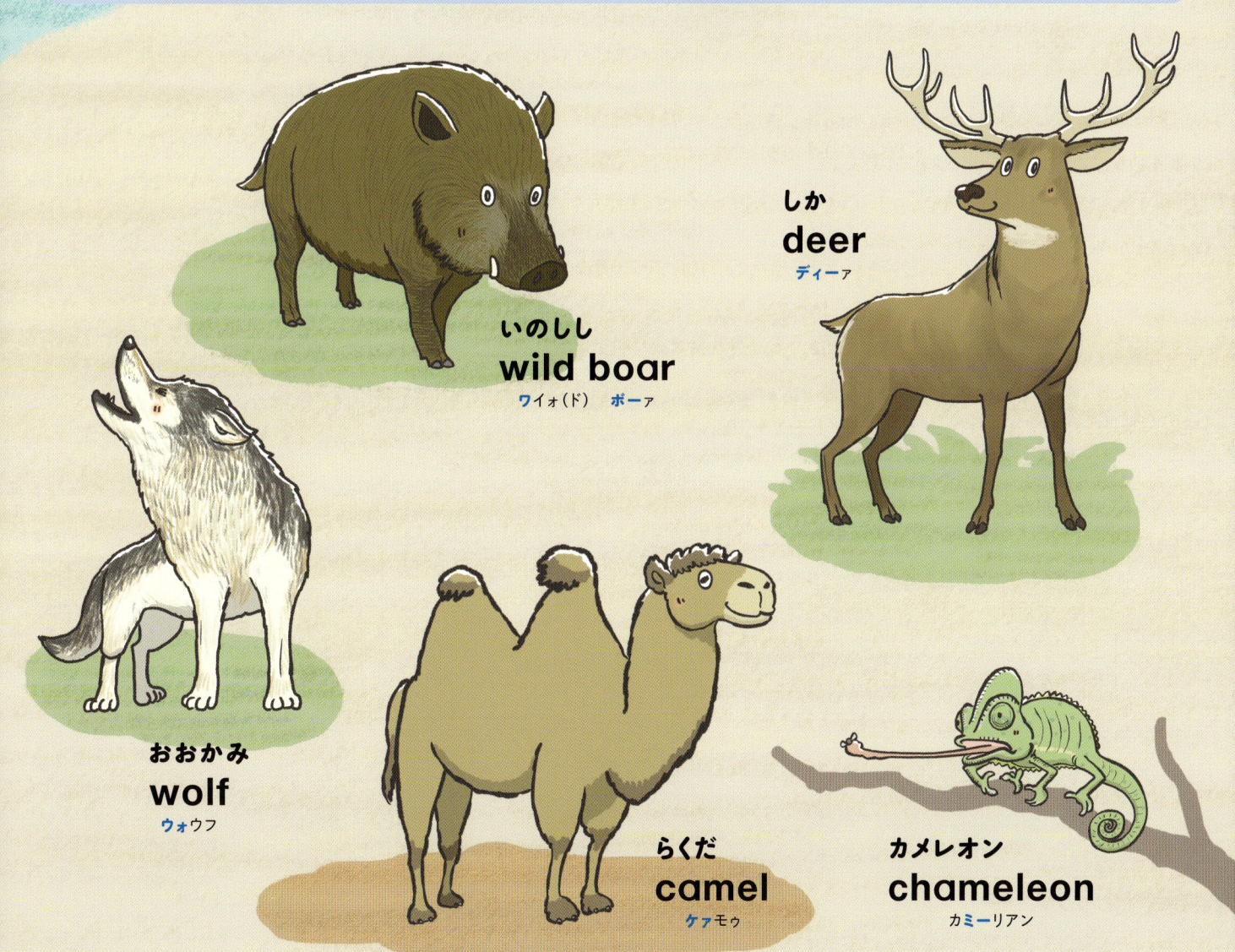

いのしし
wild boar
ワイォ(ド)　ボーァ

しか
deer
ディーァ

おおかみ
wolf
ウォウフ

らくだ
camel
ケァモゥ

カメレオン
chameleon
カミーリアン

農場の動物

Farm animals

ファー　メァナモゥズ

英語の鳴き声がおもしろいね。本当にこう聞こえるのかな？本物の声とくらべてみよう。

ブーブー
oink oink
オイン(ク)　オイン(ク)

ブタ
pig
ピッ(グ)

子ブタ
piglet
ペグレッ(ト)

メーメー
beh beh
べー　べー

ヤギ
goat
ゴウ(ト)

コッコッ，クックッ
cluck cluck
クラッ　クラッ(ク)

メンドリ
hen
ヘン

コケコッコー
cock-a-doodle-doo
カーカドゥーロドゥー

オンドリ
rooster
ルースター

ヒヨコ
chick
チッ(ク)

ピヨピヨ
cheep
チー(プ)
cheep
チー(プ)

モー
moo
ムー

牛
cow
カーオ

メー
baa
ベァー
子羊
lamb
レァン(ム)
羊
sheep
シー(プ)
ヒーホー
hee-haw
ヒーホー
ヒヒーン
neigh
ネーイ
ロバ
donkey
ダーンキー
馬
horse
ホーァス
子馬
foal
フォウォ
ガーガー
quack quack
クウェァッ クウェァッ(ク)
アヒル
duck
ダッ(ク)
子牛
calf
ケァフ
アヒルの子
duckling
ダックリン

鳥 Birds
バーズ

いろいろなすがたの鳥がいるね。きみの見たことのある鳥はいる？　英語で言ってみよう。

つばさ
wing
ウィン

羽
feather
フェダー

オウム
parrot
ペラッ(ト)

かもめ
seagull
スィーガゥ

インコ
parakeet
ペラキー(ト)

つばめ
swallow
スワーロウ

ふくろう
owl
アウォ

カーカー
caw caw
カー　カー

チッチッ
chirp chirp
チャー(プ)　チャー(プ)

つる
crane
クレイン

からす
crow
クロウ

すずめ
sparrow
スペロウ

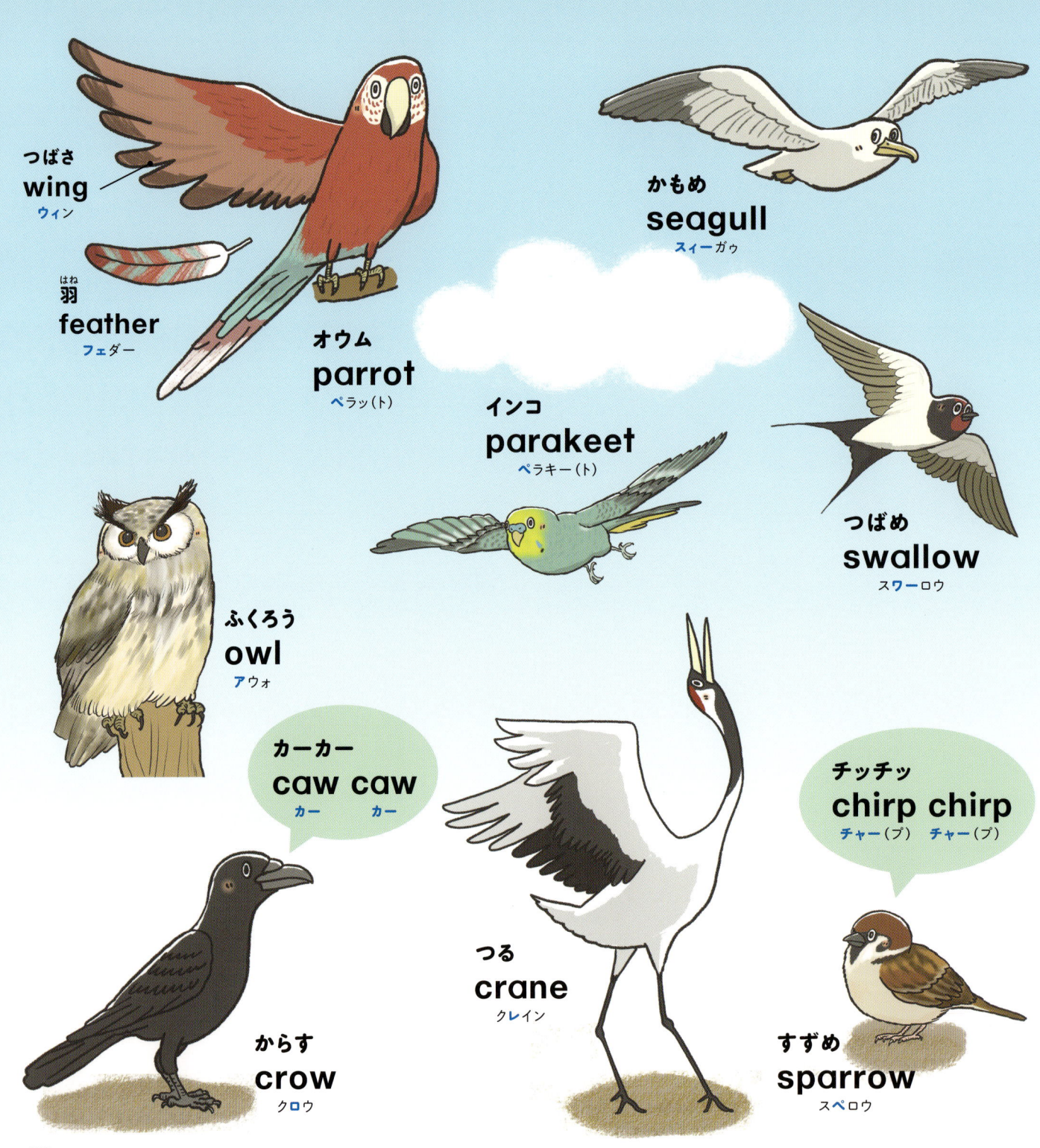

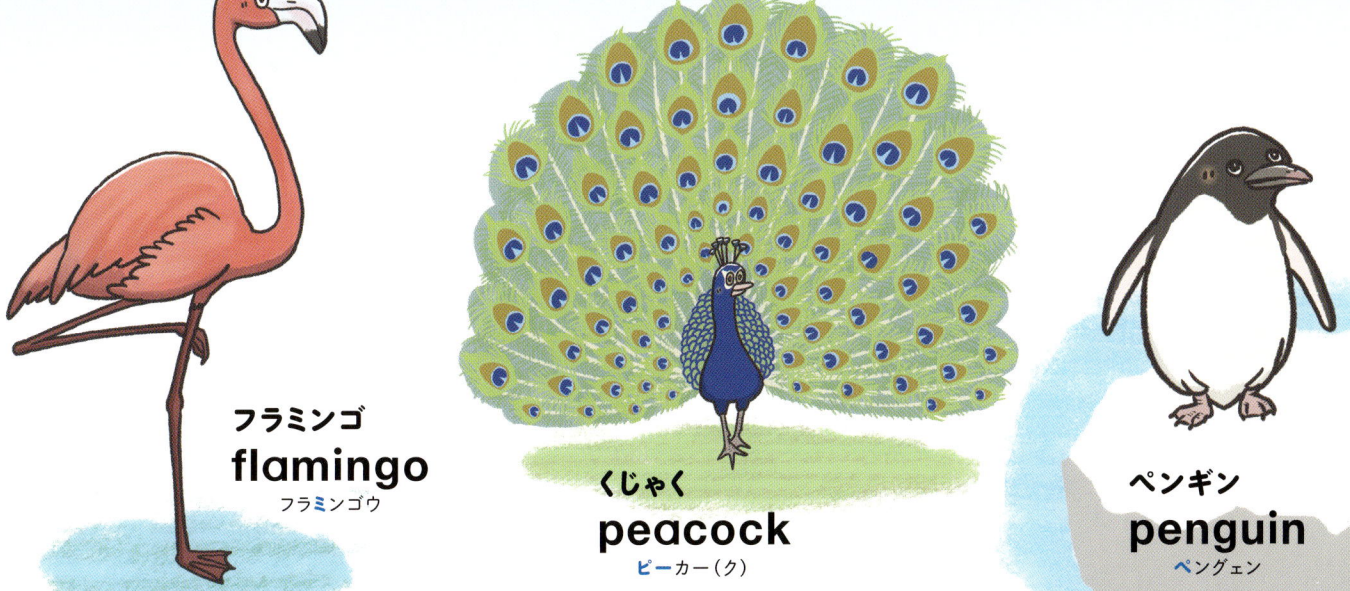

くちばし
bill
ベォ
白鳥
swan
スワーン
くちばし
beak
ビー(ク)
わし
eagle
イーゴゥ
はと
pigeon
ピジャン
ダチョウ
ostrich
アースチュリチ
たまご
egg
エー(グ)
巣
nest
ネス(ト)
きつつき
woodpecker
ウォッ(ド)ペカー
フラミンゴ
flamingo
フラミンゴウ
くじゃく
peacock
ピーカー(ク)
ペンギン
penguin
ペングェン

海のいきもの Marine life

マリーン　ライフ

star や jelly、horse や lion……。よく見ると海とは関係のないことばがはいっているよ。

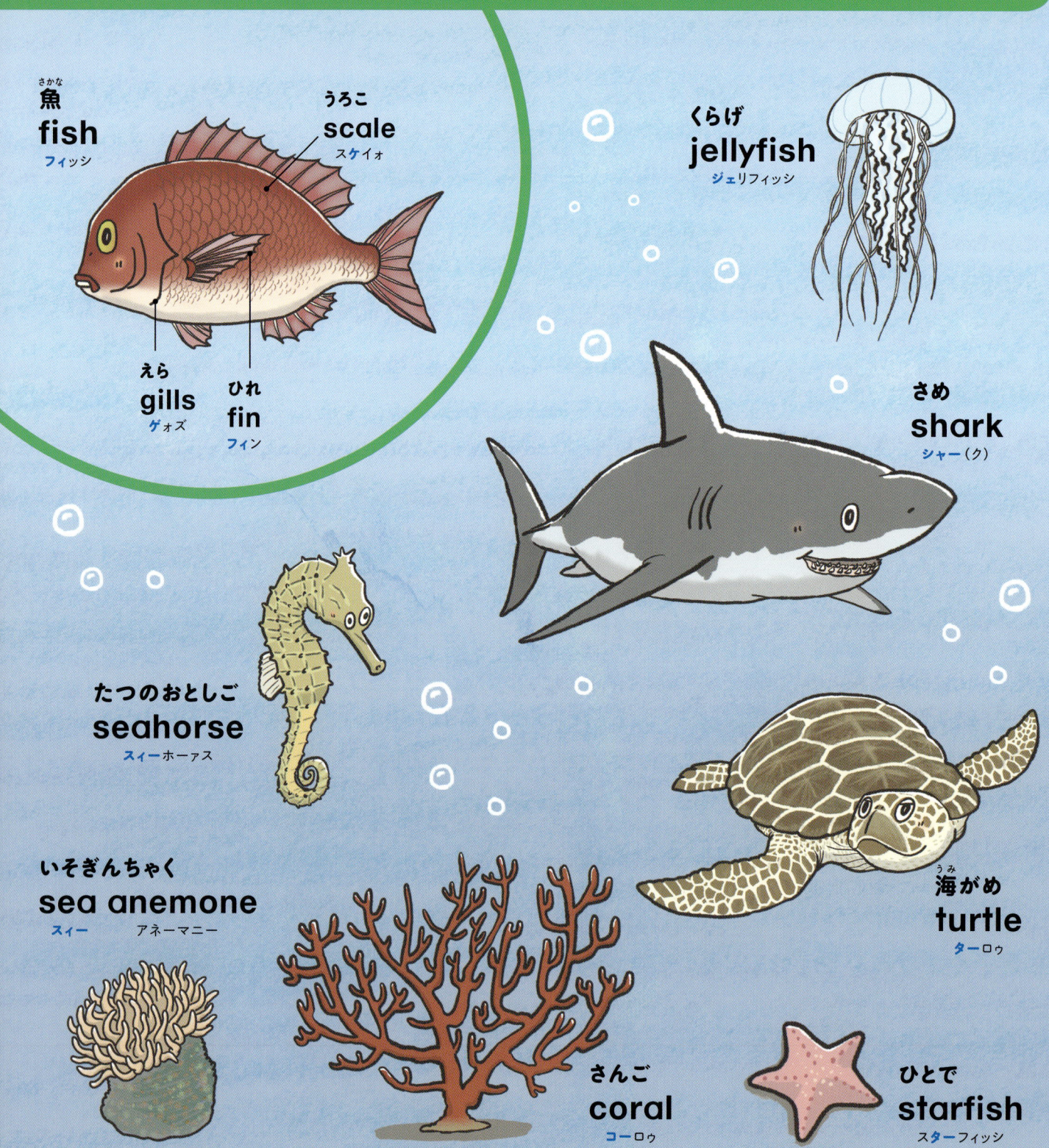

魚
fish
フィッシ

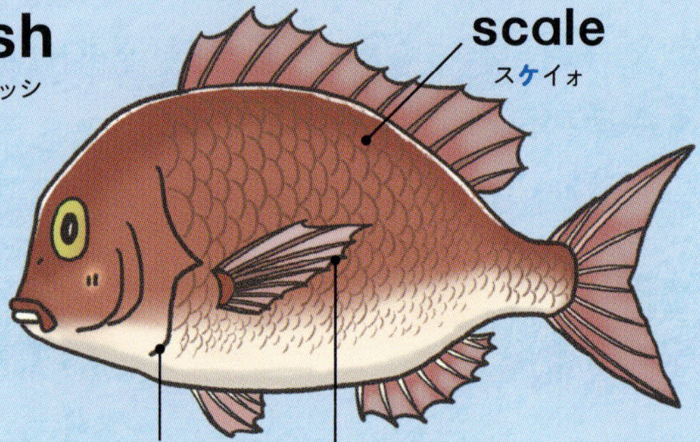

うろこ
scale
スケイォ

えら
gills
ゲォズ

ひれ
fin
フィン

くらげ
jellyfish
ジェリフィッシ

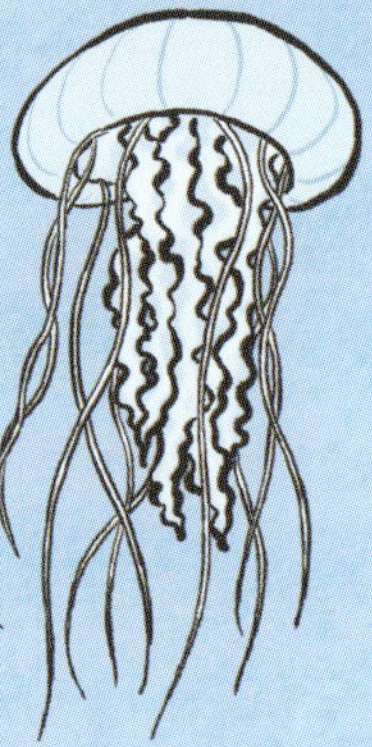

さめ
shark
シャー(ク)

たつのおとしご
seahorse
スィーホーァス

海がめ
turtle
ターロゥ

いそぎんちゃく
sea anemone
スィー　アネーマニー

さんご
coral
コーロゥ

ひとで
starfish
スターフィッシ

あざらし
seal
スィーォ
いるか
dolphin
ダーゥフィン
らっこ
sea otter
スィー アーラー
あしか
sea lion
スィー ライアン
くじら
whale
ウェイォ

水辺のいきもの

Aquatic life

アクワーリッ(ク)　ライフ

公園の池や自然のなかで会えるいきものたち。「ヒキガエル」は英語でなんていうのかな？

金魚
goldfish
ゴーゥ(ド)フィッシ

コイ
carp
カー(プ)

いもり
newt
ヌー(ト)

オタマジャクシ
tadpole
テァッ(ド)ポウォ

かえる
frog
フラー(グ)

ゲロゲロ
ribbit ribbit
レベッ　レベッ

ひきがえる
toad
トウ(ド)

熱帯魚
tropical fish
チュラーペコゥ　フィッシ

(陸)がめ
tortoise
トーァラス

Let's speak English

日曜日(にちようび)にザリガニとりに行(い)かない？

How about going to catch crayfish next Sunday?
ハオ アバオッ ゴウイン トゥ ケァチ クレイフィッシ ネクッ サンデイ

いいね！ うちの近(ちか)くの川(かわ)にいたよ。

That's nice!
デァツ ナイス

I saw them in the river near my house.
アィ サー ダ メン ダ レヴァー ニァ マィ ハオス

とかげ
lizard
レザー(ド)

フナ
crucian carp
クルーシャン カー(プ)

ザリガニ
crayfish
クレイフィッシ

アメンボ
water strider
ワーラー スチュライダー

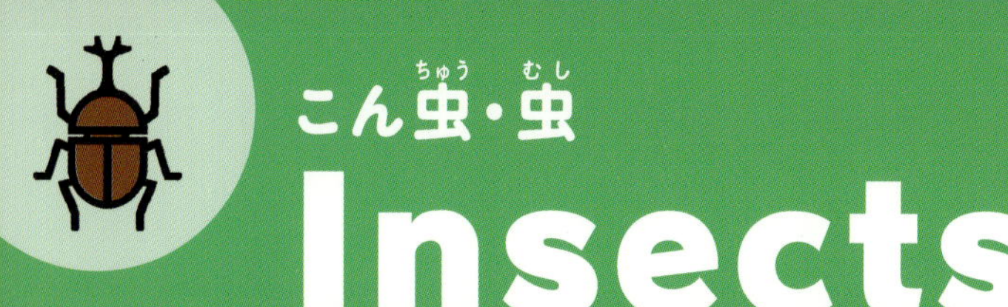

こん虫・虫 Insects

インセ(ク)ツ

小さな虫たち。いつもみんなの近くにいるね。見つけたら英語でなまえを言ってみよう。

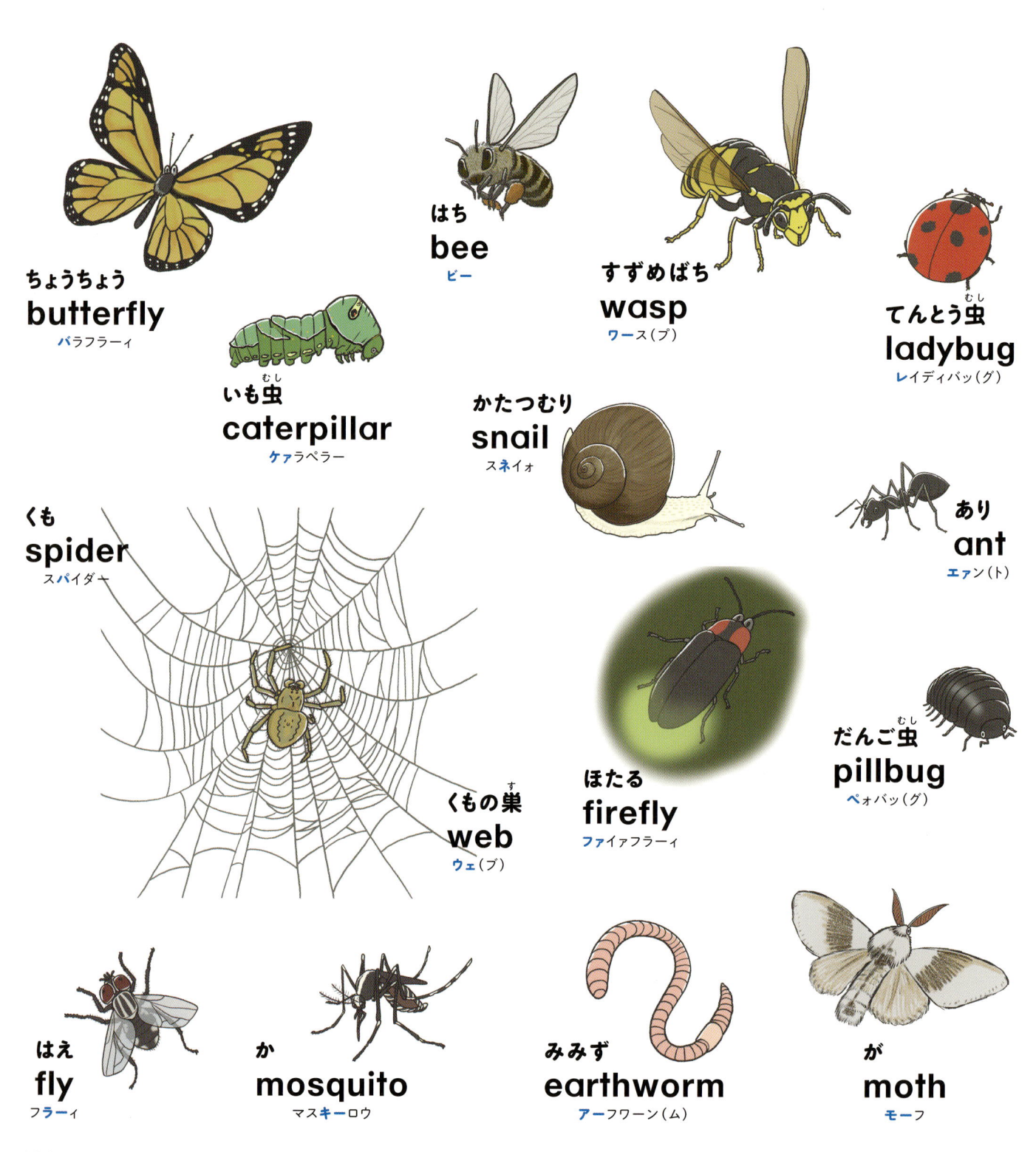

ちょうちょう
butterfly
バラフラーィ

はち
bee
ビー

すずめばち
wasp
ワース(プ)

てんとう虫
ladybug
レイディバッ(グ)

いも虫
caterpillar
ケァラペラー

かたつむり
snail
スネイォ

あり
ant
エァン(ト)

くも
spider
スパイダー

くもの巣
web
ウェ(ブ)

ほたる
firefly
ファイァフラーィ

だんご虫
pillbug
ペォバッ(グ)

はえ
fly
フラーィ

か
mosquito
マスキーロウ

みみず
earthworm
アーフワーン(ム)

が
moth
モーフ

Let's speak English

見て！ いも虫を見つけたよ。
いも虫、好きなんだ！
Look! I found a caterpillar.
ロッ(ク) アィ ファオン ダ ケァラペラー
I like caterpillars!
アィ ライッ ケァラペラーズ
うそでしょ？
わたしはきらいだわ。
Are you kidding?
アー ユー ケディン
I don't like them.
アィ ドーン ライ(ク) デム

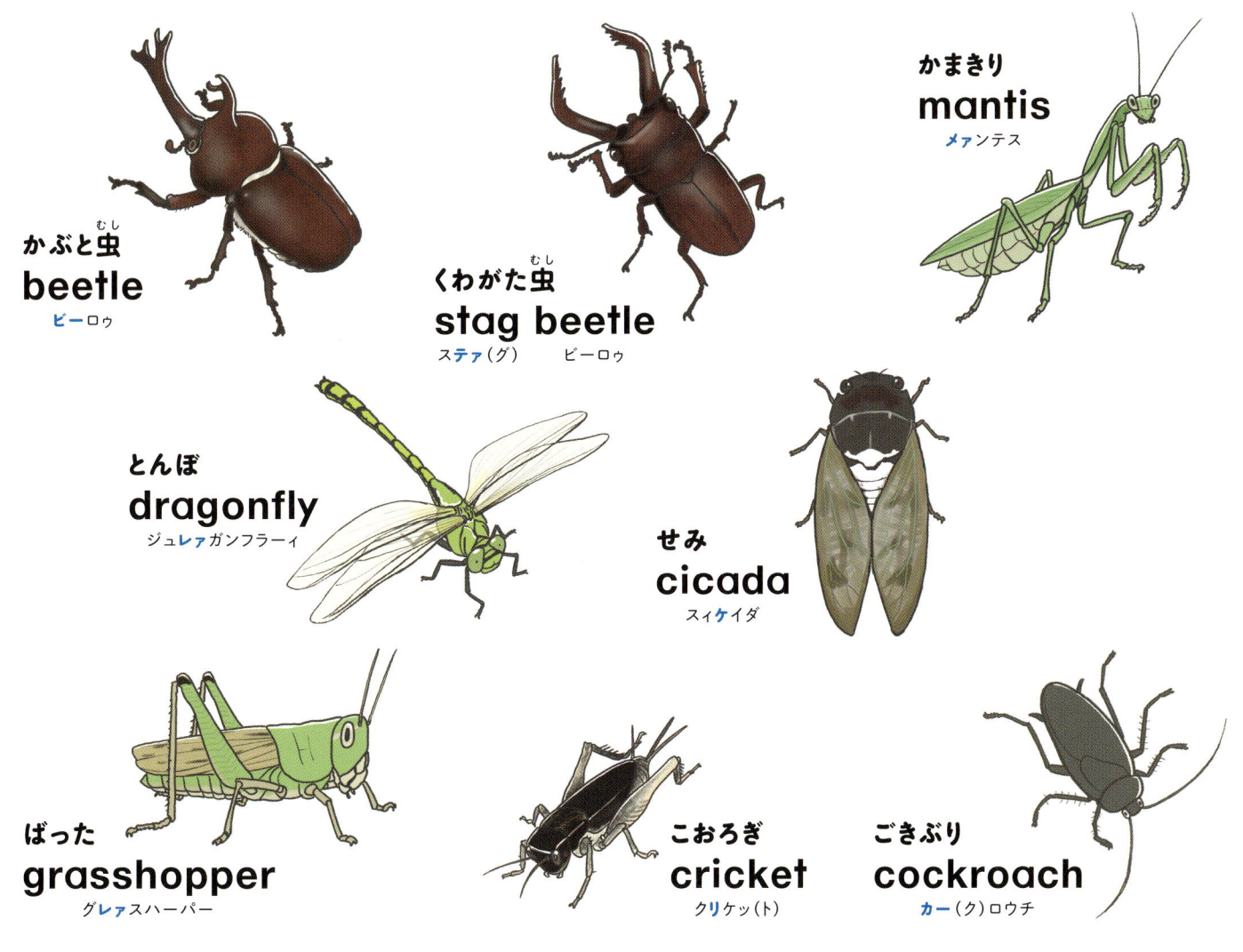

かぶと虫
beetle
ビーロゥ

くわがた虫
stag beetle
ステァ(グ) ビーロゥ

かまきり
mantis
メァンテス

とんぼ
dragonfly
ジュレァガンフラーィ

せみ
cicada
スィケイダ

ばった
grasshopper
グレァスハーパー

こおろぎ
cricket
クリケッ(ト)

ごきぶり
cockroach
カー(ク)ロウチ

花 Flowers

フラウワーズ

きれいな色のお花がたくさんあるね。いまはどんなお花がさいている？ 英語でおしえてね。

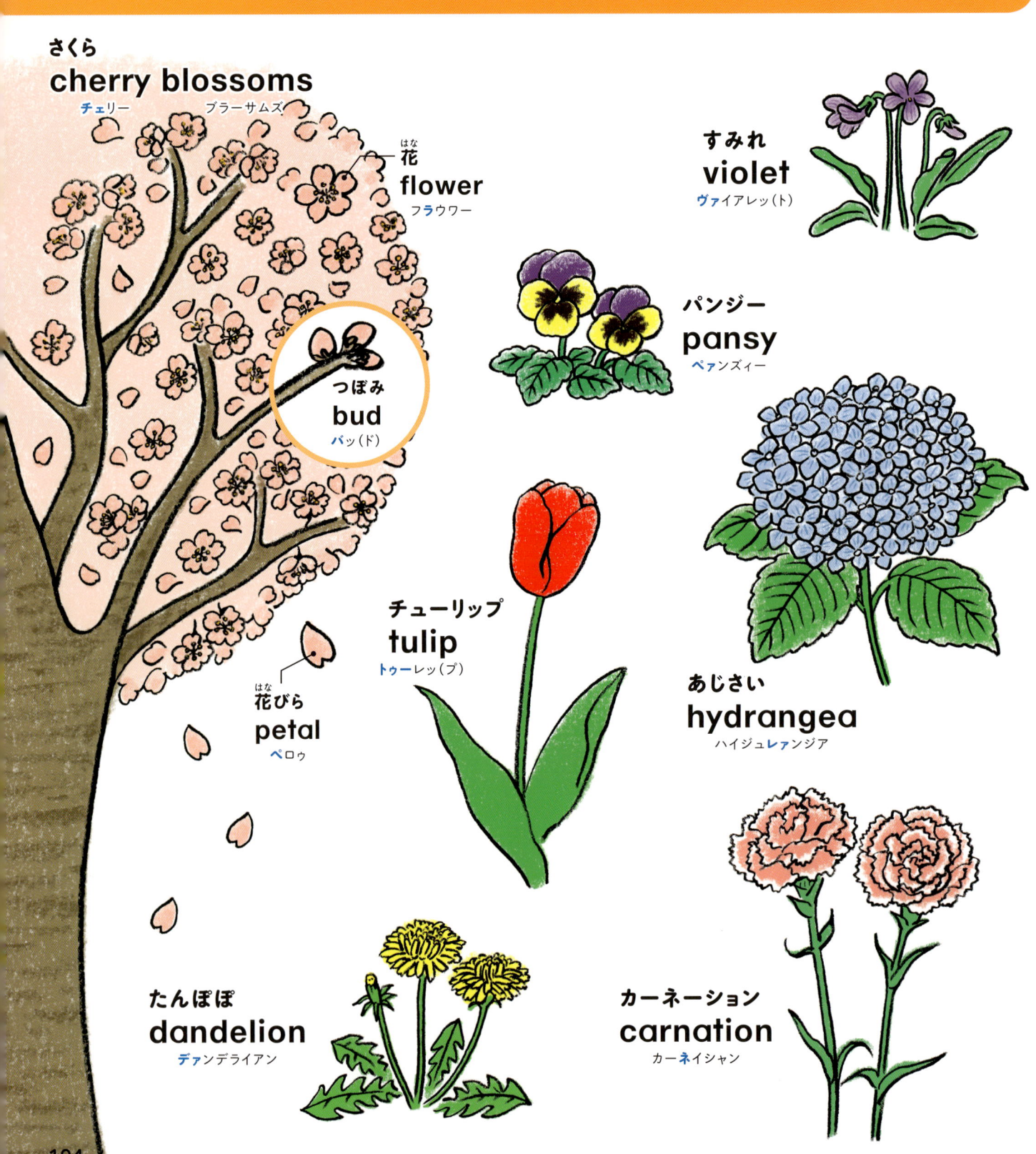

さくら
cherry blossoms
チェリー ブラーサムズ

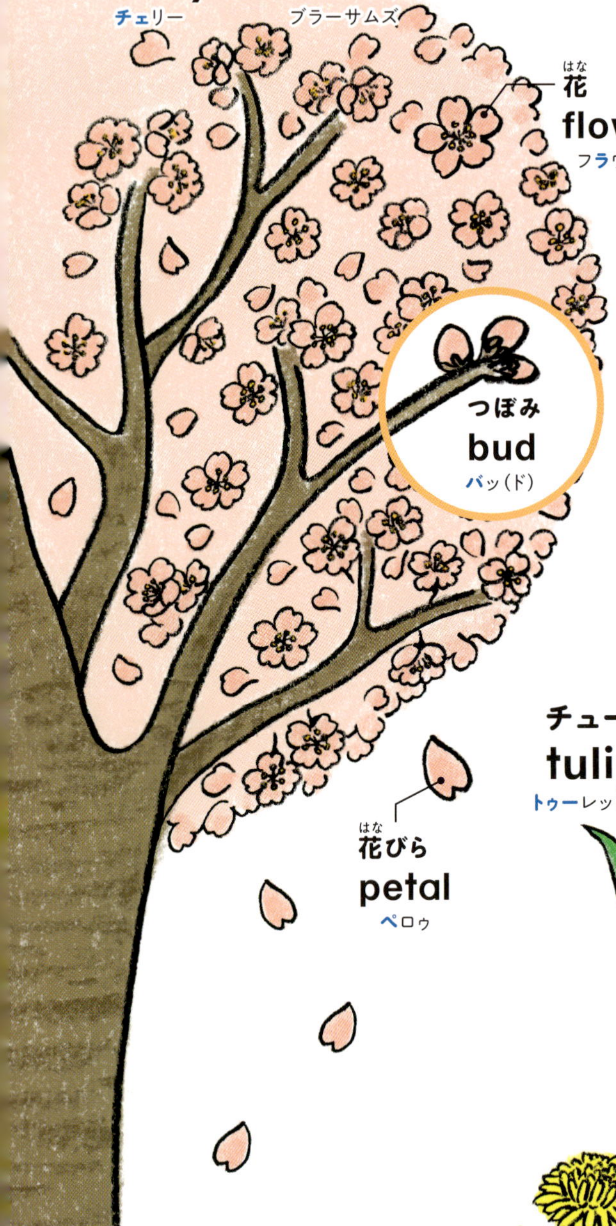

花
flower
フラウワー

つぼみ
bud
バッ(ド)

花びら
petal
ペロゥ

すみれ
violet
ヴァイアレッ(ト)

パンジー
pansy
ペァンズィー

チューリップ
tulip
トゥーレッ(プ)

あじさい
hydrangea
ハイジュレァンジア

たんぽぽ
dandelion
デァンデライアン

カーネーション
carnation
カーネイシャン

ひまわり
sunflower
サンフラウワー
あさがお
morning glory
モーァニン　グローリー
きく
chrysanthemum
クレセァンセマン
ひなぎく
daisy
デイズィー
らん
orchid
オーァケッ(ド)
ゆり
lily
レリー
ばら
rose
ゥロウズ
とげ
thorn
ソーァン
ポインセチア
poinsettia
ポインセッラ

植物 Plants

プレァンツ

おうちや学校で植物を育てたことはある？「球根」って英語でなんていうのかな？

竹
bamboo
ベァンブー

さぼてん
cactus
ケァ（ク）タス

ヤシ
palm
パーン（ム）

いちょう
ginkgo
ギンコウ

かえで・もみじ
maple
メイポゥ

つる草
vine
ヴァイン

葉
leaf
リーフ

くき
stem
ステン(ム)

根
roots
ルーツ

球根
bulb
ボゥ(ブ)

芽
shoot
シュー(ト)

種
seed
スィー(ド)

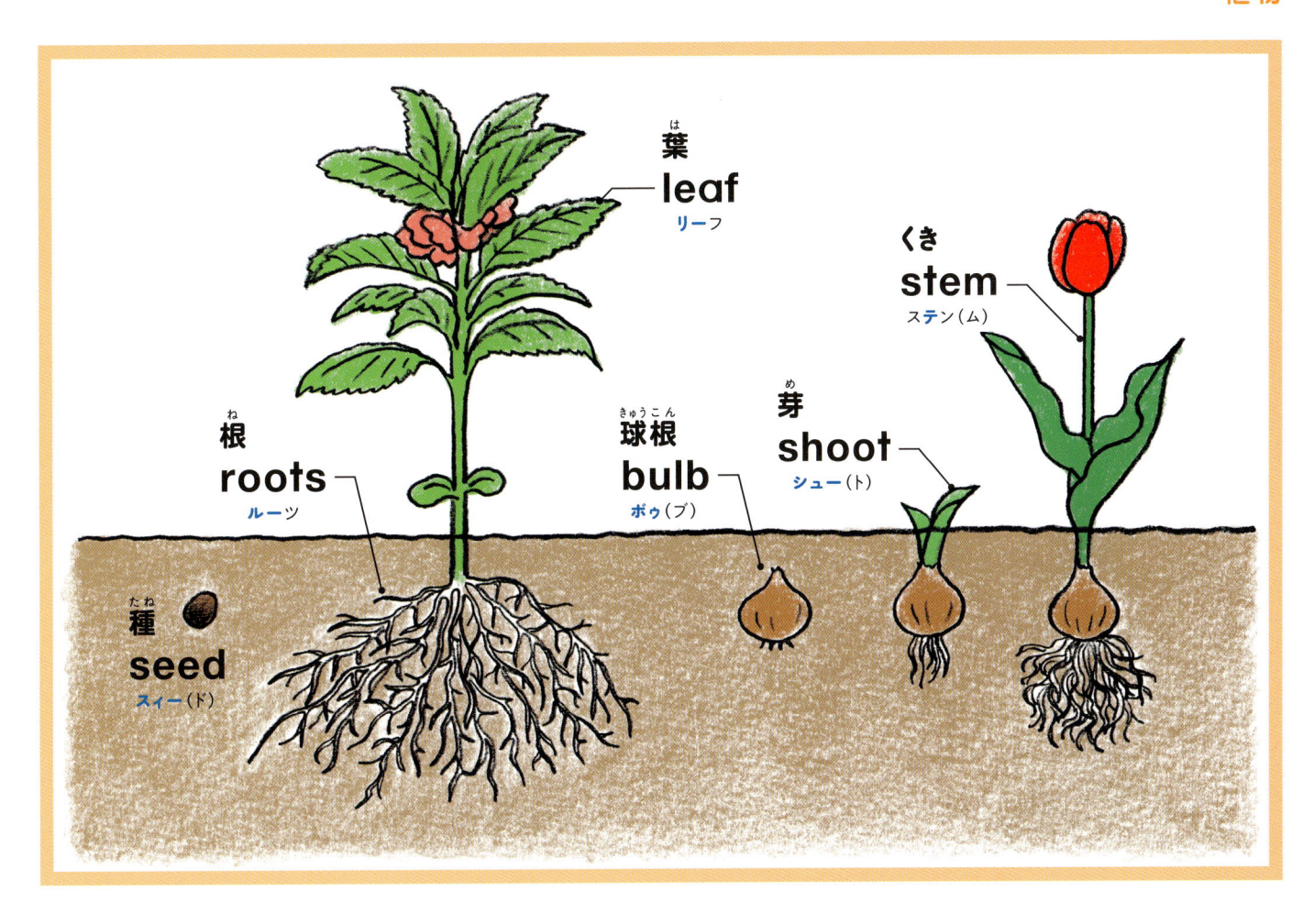

見て！　とってもきれいだよ。
Look! It's so beautiful.
ロッ(ク)　エッツ　ソー　ビューテフォ
まつぼっくり
pinecone
パインコウン
どんぐり
acorn
エイコーァン

自然 Nature

ネイチャー

カタカナでよく見るなまえもあるね。英語だとどんな音かな？聞いてみよう。

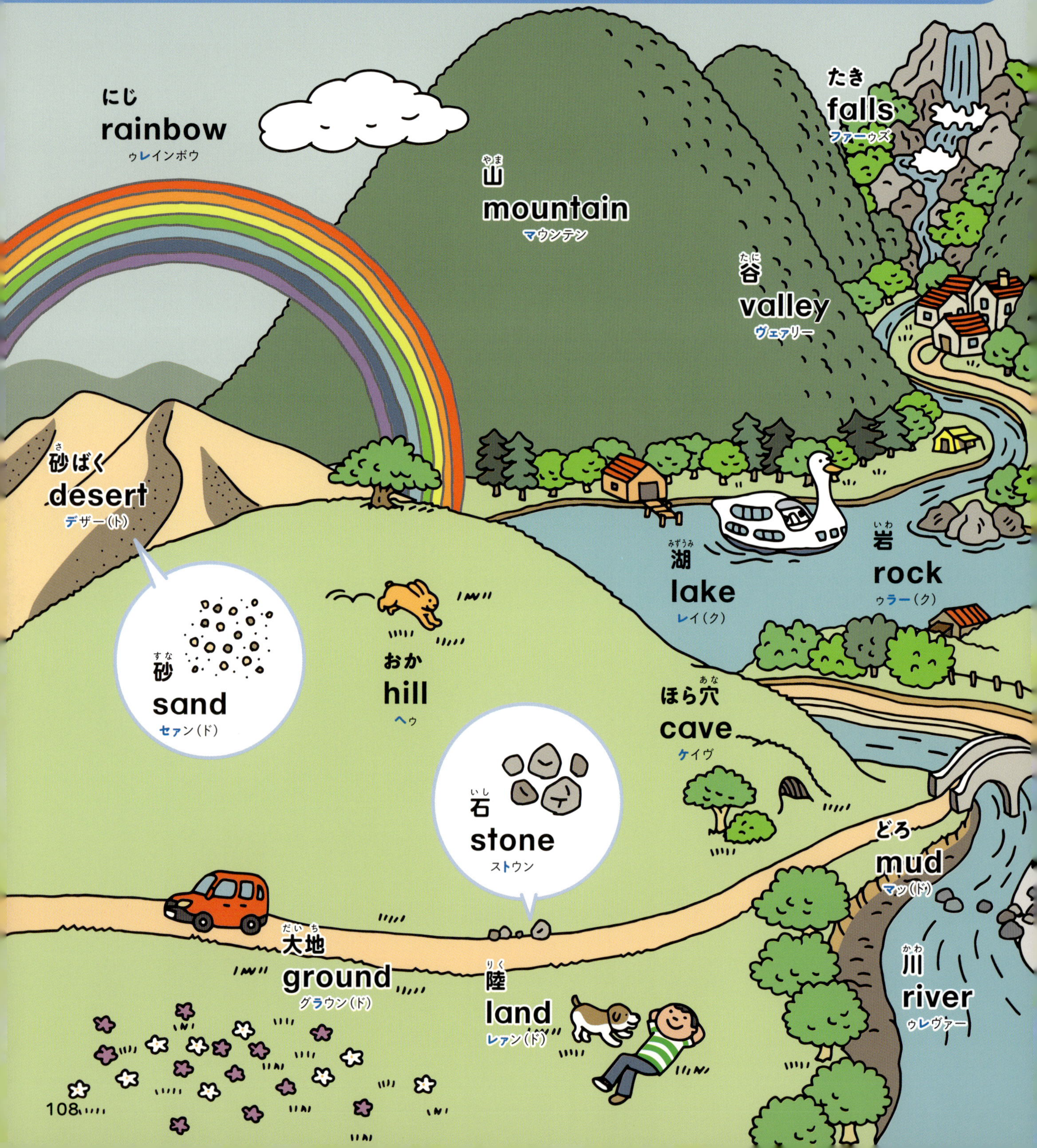

にじ
rainbow
ゥレインボウ

山
mountain
マウンテン

たき
falls
ファーゥズ

谷
valley
ヴェァリー

砂ばく
desert
デザー(ト)

砂
sand
セァン(ド)

おか
hill
ヘゥ

湖
lake
レイ(ク)

岩
rock
ゥラー(ク)

ほら穴
cave
ケイヴ

石
stone
ストウン

どろ
mud
マッ(ド)

大地
ground
グラウン(ド)

陸
land
レァン(ド)

川
river
ゥレヴァー

空
sky
スカーィ
雲
cloud
クラオ(ド)
火山
volcano
ヴァゥケイノウ
木
tree
チュリー
森
forest
フォーレス(ト)
島
island
アイラン(ド)
草／草地
grass
グレァス
波
wave
ウェイヴ
海岸／砂はま
beach
ビーチ
海
sea/ocean
スィー　オウシャン

天気
Weather
ウェダー

晴れ、雨、くもり。そのほかにもいろいろな天気があるね。今日の天気を英語でおしえてね。

晴れの
sunny
サニー

くもりの
cloudy
クラオディ

風の
windy
ウィンディ

雪の
snowy
スノウイー

雨の
rainy
ゥレイニー

きりの
foggy
ファーギー

あらしの
stormy
ストーァミー

雲（くも）
cloud
クラオ(ド)

雨（あめ）
rain
ゥレイン

風（かぜ）
wind
ウィン(ド)

かげ
shadow
シェァドウ

雪（ゆき）
snow
スノウ

いなずま
lightning
ライッニン

きり
fog
ファー(グ)

かみなり
thunder
サンダー

台風（たいふう）
typhoon
タイフーン

今日（きょう）の天気（てんき）は？
How's the weather today?
ハウズ ダ ウェダー トゥデイ

今日（きょう）は晴（は）れです。
It's sunny today.
エッ サニー トゥデイ

宇宙と惑星 Space and Planets

スペイス アン プレァネッツ

広い広い宇宙。いつか宇宙旅行に行きたいね。今夜の月はどんなかたちかな？

満月
full moon
フォゥ ムーン

半月
half moon
ヘァフ ムーン

三日月
crescent moon
クレッスン(ト) ムーン

月
moon
ムーン

地球
earth
アーフ

火星
Mars
マーズ

太陽
sun
サン

水星
Mercury
マーキュリー

金星
Venus
ヴィーナス

星
star
スター
ロケット
rocket
ウラーケッ(ト)
海王星
Neptune
ネ(プ)トゥーン
天王星
Uranus
ユーラナス
土星
Saturn
セァラン
木星
Jupiter
ジューペラー
宇宙飛行士になりたいな!
I want to be an astronaut!
アィ ワーン トゥ ビ ア ネァスチュラナー(ト)
天の川
Milky Way
メォキー ウェイ
望遠鏡
telescope
テラスコウ(プ)

数字 Numbers

ナンバーズ

英語で数をかぞえてみよう。
100までかぞえられるかな？
時間の言いかたもだいじだよ。

zero
ズィーロウ

one
ワン

two
トゥー

three
フリー

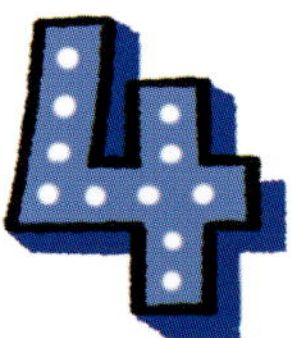

four
フォーァ

five
ファーイヴ

six
スィックス

seven
セヴン

eight
エイ(ト)

nine
ナイン

ten
テン

eleven
イレヴン

twelve
トウェォヴ

thirteen
サーティーン

fourteen
フォァティーン

fifteen
フィフティーン

sixteen
スィクスティーン

seventeen
セヴンティーン

eighteen
エイティーン

nineteen
ナインティーン

twenty
トウェンティ

twenty-one
トウェンティワン

twenty-two
トウェンティトゥー

1から10まで英語でかぞえられるかな？

Can you count from 1 to 10 in English?
ケ　ニューカオンッ(ト)　フラン　ワントゥ　テンイン　イングレシ

thirty
サーティー

forty
フォァティー

fifty
フィフティ

sixty
スィクスティー

seventy
セヴンティ

eighty
エイリー

ninety
ナインティ

one hundred
ワン ハンジュレッ(ド)

one thousand
ワン サウザン(ド)

ten thousand
テン サウザン(ド)

one million
ワン メゥリヤン

one billion
ワン ベゥリヤン

7時(じ)
seven o'clock
セヴン ナクラー(ク)

12時(じ)
twelve o'clock
トウェォ ヴァクラー(ク)

●「~時(じ)です」は"It's ~"といいます。

例) It's eight o'clock now.
(いまは8時(じ)です。)

3時半(じはん)
three thirty
フリー サーリー

5時(じ)15分(ふん)
five fifteen
ファイッ フィフティーン

いま、何時(なんじ)かな?
What time is it now?
ワッ ターィ メ ゼッ ナーオ

カレンダー

The calendar

ダ　ケアランダー

英語(えいご)で月(つき)や日(ひ)づけの言(い)いかたを覚(おぼ)えてみよう。きみのお誕生日(たんじょうび)は何月何日(なんがつなんにち)？

Sunday サンデイ 日	Monday マンデイ 月	Tuesday トゥーズデイ 火	Wednesday ウェンズデイ 水	Thursday サーズデイ 木	Friday フライデイ 金	Saturday セァラデイ 土
		first ファース(ト) 1	second セクン(ド) 2	third サー(ド) 3	fourth フォーァフ 4	fifth フィフス 5
sixth スィクスフ 6	seventh セヴンフ 7	eighth エイッフ 8	ninth ナインフ 9	tenth テンフ 10	eleventh イレヴンフ 11	twelfth トウェォフス 12
thirteenth サーティーンフ 13	fourteenth フォァティーンフ 14	fifteenth フィフティーンフ 15	sixteenth スィクスティーンフ 16	seventeenth セヴンティーンフ 17	eighteenth エイティーンフ 18	nineteenth ナインティーンフ 19
twentieth トウェンティエフ 20	twenty-first トウェンティファース(ト) 21	twenty-second トウェンティセクン(ド) 22	twenty-third トウェンティサー(ド) 23	twenty-fourth トウェンティフォーァフ 24	twenty-fifth トウェンティフィフス 25	twenty-sixth トウェンティスィクスフ 26
twenty-seventh トウェンティセヴンフ 27	twenty-eighth トウェティエイッフ 28	twenty-ninth トウェンティナインフ 29	thirtieth サーリエフ 30	thirty-first サーリファース(ト) 31		

Let's speak English

お誕生日はいつ？

When is your birthday?
ウェ　ネズ　ヤ　バーフデイ

9月19日だよ。

It's **September 19th**.
エッツ　セ(プ)テンバー　ナインティーンフ

あら、もうすぐだね。誕生日にはなにがほしい？

Oh, it's soon. What do you want
オゥ, イッ　スーン　ワッ　ドゥ　ユー　ワーン(ト)

for your birthday?
ファ　ヤ　バーフデイ

う〜ん、そうだな……。

Let me think… .
レッ　ミー　フィンク

1月
January
ジャニュエリー

2月
February
フェブルアリー

3月
March
マーチ

4月
April
エイプロゥ

5月
May
メーイ

6月
June
ジューン

7月
July
ジュラーィ

8月
August
アーガス(ト)

9月
September
セ(プ)テンバー

10月
October
ア(ク)トウバー

11月
November
ノヴェンバー

12月
December
ディセンバー

季節(きせつ) Seasons

スィーズンズ

きみはどの季節(きせつ)がいちばん好(す)き？どうして好(す)きなのか、理由(りゆう)もつたえられたらいいね。

春(はる) spring

スプリン

ひな祭(まつ)り
Doll Festival
ダーゥ フェステヴァォ

卒業式(そつぎょうしき)
graduation ceremony
グラジュエイシャン セレモゥニー

入学式(にゅうがくしき)
entrance ceremony
エンチュランス セレモゥニー

こどもの日(ひ)
Children's Day
チェゥジュランズ デイ

母(はは)の日(ひ)
Mother's Day
マダーズ デイ

花見(はなみ)
cherry-blossom viewing
チェリーブラースン ヴューイン

潮干狩(しおひが)り
shellfish gathering on the beach
シェォフィッシ ゲァダリン オン ダ ビーチ

梅雨(つゆ) rainy season

ゥレイニー スィーズン

Let's speak English

イギリスに七夕はある？
Do you have Star Festival in the UK?
ドゥ ユー ヘァヴ スター フェステヴァォ イン ダ ユーケイ
ううん。そのお祭りのことをおしえてよ。
No, we don't. Please tell me about the festival.
ノゥ, ウィ ドウン(ト) プリーズ テォ ミー アボウッ ダ フェステヴァォ

夏 summer
サマー

父の日
Father's Day
ファーダーズ デイ

七夕
Star Festival
スター フェステヴァォ

夏祭り
Summer Festival
サマー フェステヴァォ

おぼん
the Bon Festival
ダ ボン フェステヴァォ

海水浴
sea bathing
スィー ベイディン

水泳大会
swimming meet
スウィミン ミー(ト)

Seasons スィーズンズ

秋
fall/autumn
ファーォ　アーラン

十五夜
harvest moon night
ハーヴェス(ト)　ムーン　ナイ(ト)

遠足
field trip
フィーォッ　チュリッ(プ)

運動会
sports day
スポーァツ　デイ

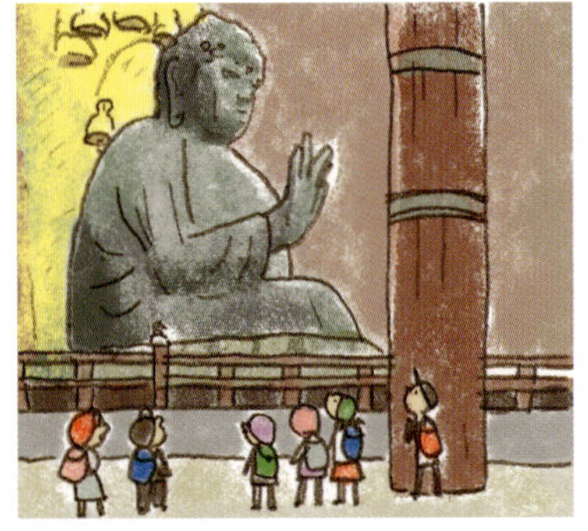

修学旅行
school trip
スクーォ　チュリッ(プ)

ハロウィーン
Halloween
ヘァロウィーン

かぼちゃちょうちん
jack-o'-lantern
ジェァッカランタン

学芸会
drama festival
ジュラーマ　フェステヴァォ

どの季節がいちばん好き?
Which season do you like best?
ウィッチ　スィーズン　ドゥ　ユー　ライッ　ベス(ト)

冬 winter
ウィンター

大みそか
New Year's Eve
ヌー　イアーズ　イーヴ

お正月
New Year's Day
ヌー　イアーズ　デイ

節分
bean-scattering ceremony
ビーンスケァラリン　セレモゥニー

冬がいちばん好き。だってクリスマスがあるんだもん。

I like **winter** best.
アーィ ライ(ク) ウィンター ベス(ト)

Because we have **Christmas**.
ビカーズ　ウィー　ヘァヴ　クリスマス

色

Colors

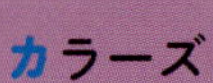

色のなまえを英語で言ってみよう。きみの好きな色はあったかな？

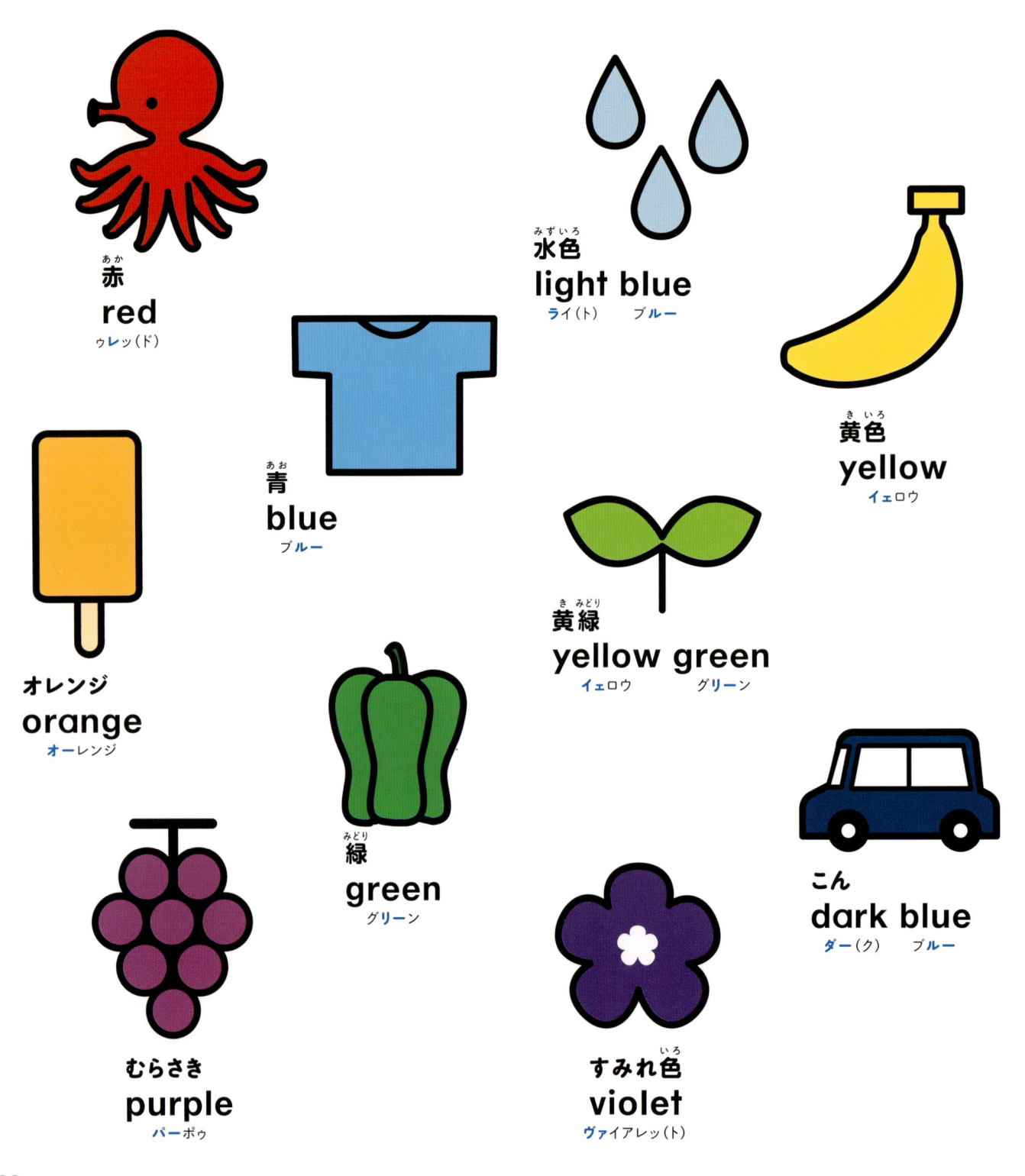

赤
red
ゥレッ(ド)

水色
light blue
ライ(ト)　ブルー

青
blue
ブルー

黄色
yellow
イェロウ

オレンジ
orange
オーレンジ

黄緑
yellow green
イェロウ　グリーン

緑
green
グリーン

こん
dark blue
ダー(ク)　ブルー

むらさき
purple
パーポゥ

すみれ色
violet
ヴァイアレッ(ト)

きみの好きな色はなに？
What is your favorite color?
ワ レズ ヤ フェイヴァレッ カラー
ピンク
pink
ピン(ク)
ぞうげ色
ivory
アイヴァリー
うすだいだい
pale orange
ペイル オーレンジ
ベージュ
beige
ベイジ
灰色
gray
グレイ
白
white
ワイ(ト)
茶色
brown
ブラオン
銀
silver
スィウヴァー
金
gold
ゴーゥド
黒
black
ブレアッ(ク)

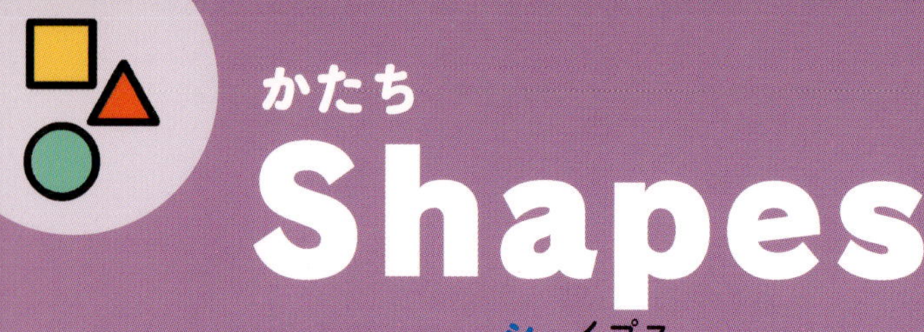

かたち

Shapes

シェイプス

いろいろなかたちがあるよ。
トランプのマークになっている
かたちは聞（き）いたことがあるね。

正方形（せいほうけい）
square
スクウェーァ

円（えん）／丸（まる）
circle
サーコゥ

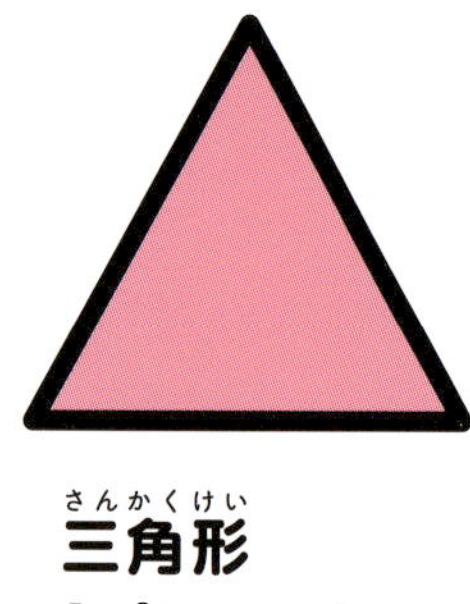

三角形（さんかくけい）
triangle
チュライエァンゴゥ

長方形（ちょうほうけい）
rectangle
レ（ク）テァンゴゥ

ダイヤ、ひし形（がた）
diamond
ダイァマン（ド）

ハート
heart
ハー（ト）

スペード
spade
スペイ（ド）

クラブ／クローバー
club/clover
クラブ　クロウヴァー

だ円形（えんけい）
oval
オウヴァォ

かたちをかいてみよう！　だ円形(えんけい)はかけるかな？

Let's draw shapes! Can you draw ovals?
レツ　ジュラー　シェイプス　ケ　ニュ　ジュラー　オウヴァオズ

星形(ほしがた)
star
スター

十字形(じゅうじがた)
cross
クラース

矢印(やじるし)
arrow
エロウ

直線(ちょくせん)
straight line
スチュレイッ(ト)　ライン

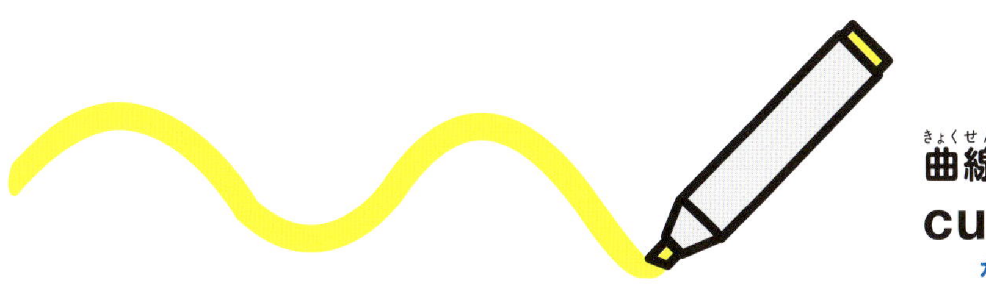

曲線(きょくせん)
curved line
カーヴッ　ライン

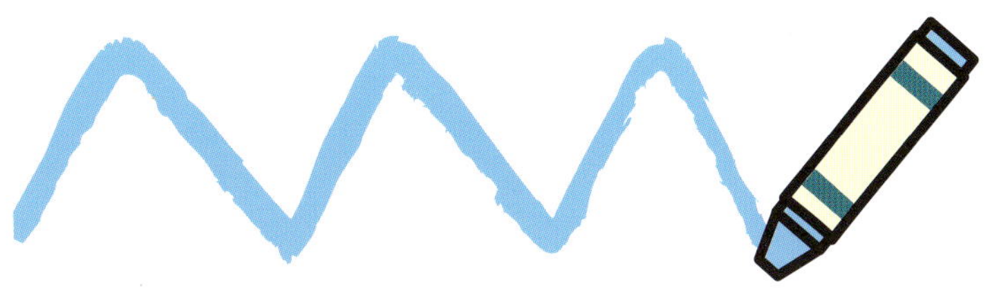

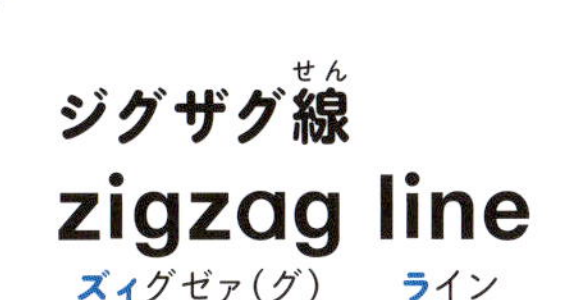

ジグザグ線(せん)
zigzag line
ズィグゼァ(グ)　ライン

世界地図 World map

ワーォ(ド)　メァッ(プ)

世界にはたくさんの国があるよ。きみはどこの国に行って、なにを見てみたい？

大陸
continent
カーンタナン(ト)

国
country
カンチュリー

首都
capital
ケァペロゥ

アジア大陸 **Asia** エイジャ	アフリカ大陸 **Africa** エァフリカ	北アメリカ大陸 **North America** ノーァフ アメラカ
ヨーロッパ大陸 **Europe** ユアラッ(プ)		南アメリカ大陸 **South America** サオフ アメラカ
オーストラリア大陸 **Australia** アスチュレイリャ		南極大陸 **Antarctica** エァンターッテカ

Verbs
ヴァーブズ

動(うご)きをあらわすことば

いろいろな動作(どうさ)を英語(えいご)でしょうかいしているよ。きみはいま、なにをしているかな？

食(た)べる
eat
イーッ(ト)

飲(の)む
drink
ジュリン(ク)

歌(うた)う
sing
スィン

遊(あそ)ぶ
play
プレーィ

話(はな)す
speak
スピー(ク)

聞(き)く
listen
レッスン

読(よ)む
read
ゥリー(ド)

書(か)く
write
ゥライ(ト)

勉強(べんきょう)する
study
スタディ

考(かんが)える
think
フィン(ク)

そうじする
clean
クリーン

料理(りょうり)する
cook
コッ(ク)

投げる
throw
フロウ

打つ
hit
ヘッ(ト)

泳ぐ
swim
スウィン(ム)

とる / つかむ
catch
ケァッチ

歩く
walk
ワー(ク)

立つ
stand
ステァンド

すわる
sit
セッ(ト)

とぶ
jump
ジャン(プ)

おどる
dance
デァンツ

乗る
ride
ゥラーイ(ド)

走る
run
ゥラン

やった!
I did it!
アィ ディ レッ(ト)
ける
kick
ケッ(ク)

Opposites
アーパズィッツ

反対の意味をあらわすことば

反対の意味をあらわすことばを英語で覚えてみよう。セットで覚えると覚えやすいよ。

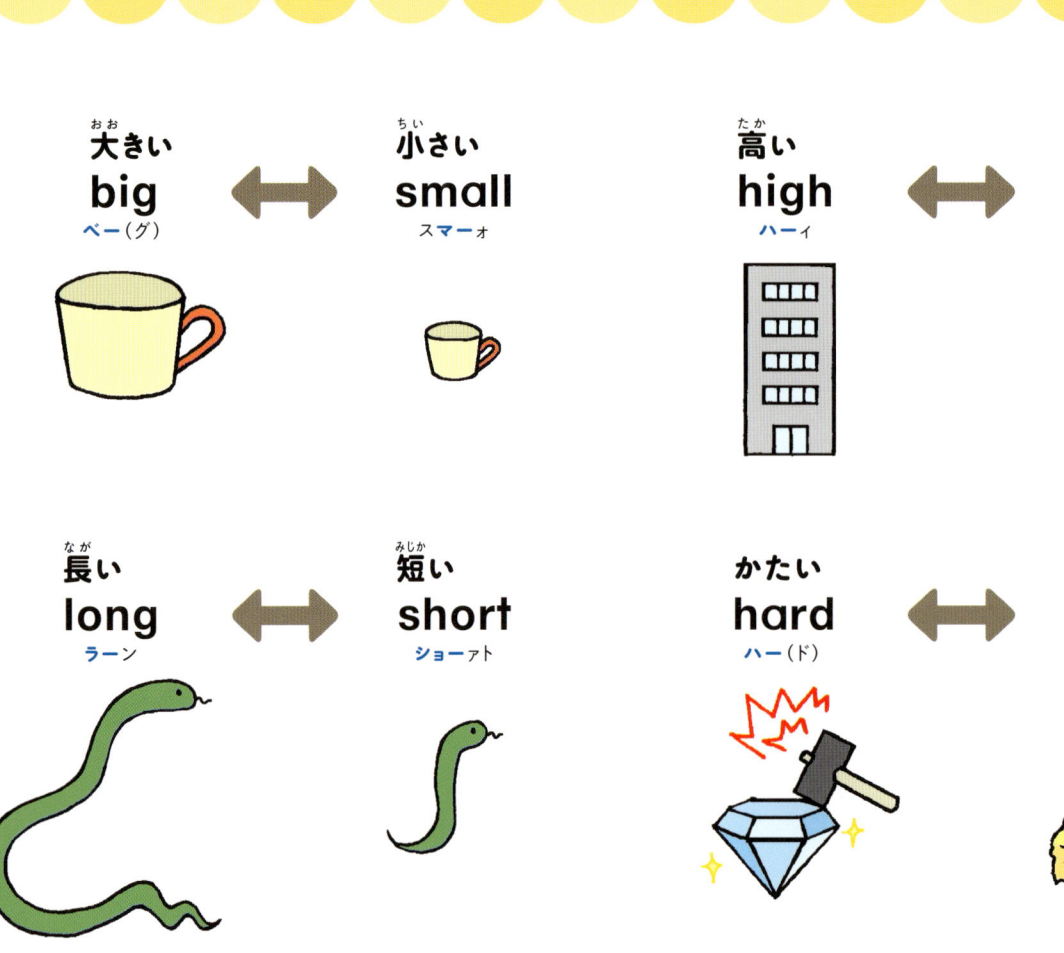

大きい
big
ベー(グ)
↔
小さい
small
スマーォ

高い
high
ハーィ
↔
低い
low
ローゥ

長い
long
ラーン
↔
短い
short
ショーァト

かたい
hard
ハー(ド)
↔
やわらかい
soft
サーフ(ト)

強い
strong
スチュウォーン
↔
弱い
weak
ウィー(ク)

古い
old
オーゥド
↔
新しい
new
ヌー

良い
good
グー(ド)

悪い
bad
ベァーッ(ド)

速い
fast
フェァース(ト)

おそい
slow
スローゥ

若い
young
ヤン

年をとった
old
オーゥド

軽い
light
ライ(ト)

重い
heavy
ヘヴィ

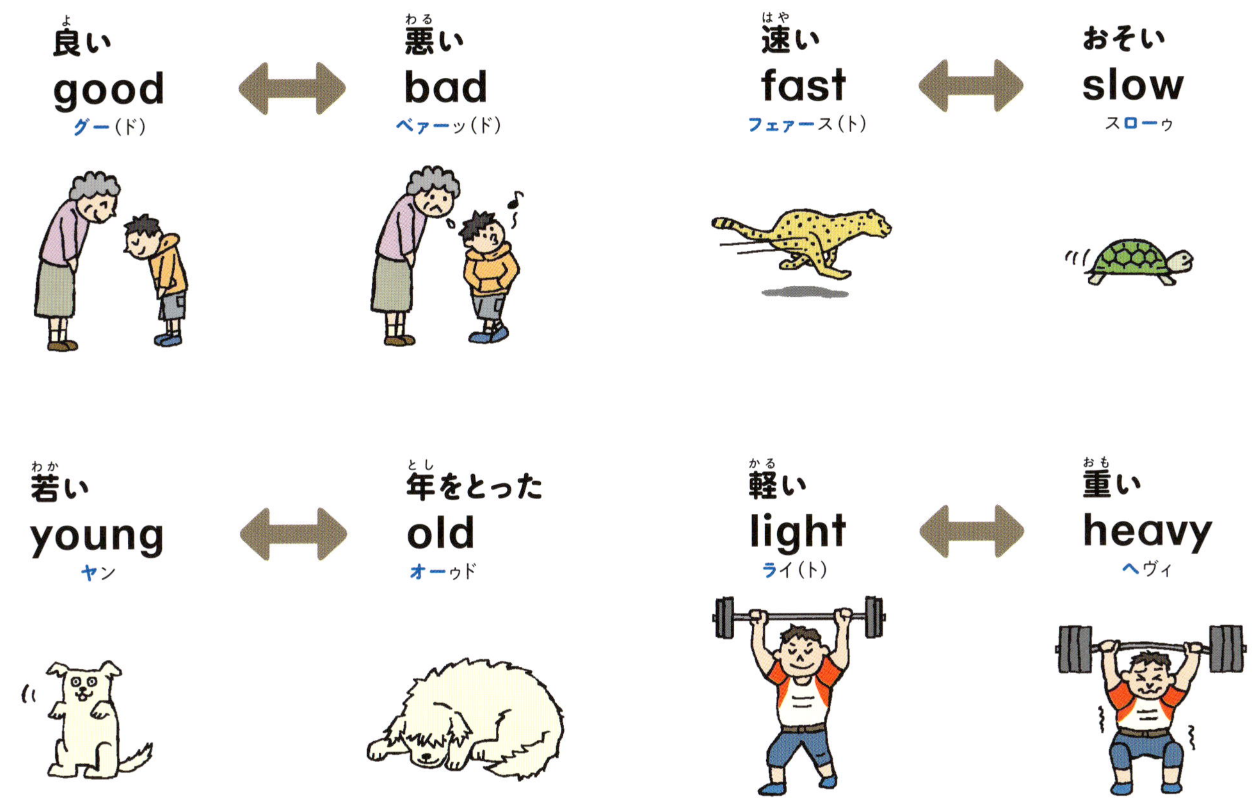

あまい
sweet
スウィー(ト)

しおからい
salty
サーゥティ

すっぱい
sour
サゥワー

熱い
hot
ハー(ト)

冷たい
cold
コーゥド

おなかいっぱい。
I'm full.
アイン フォウ

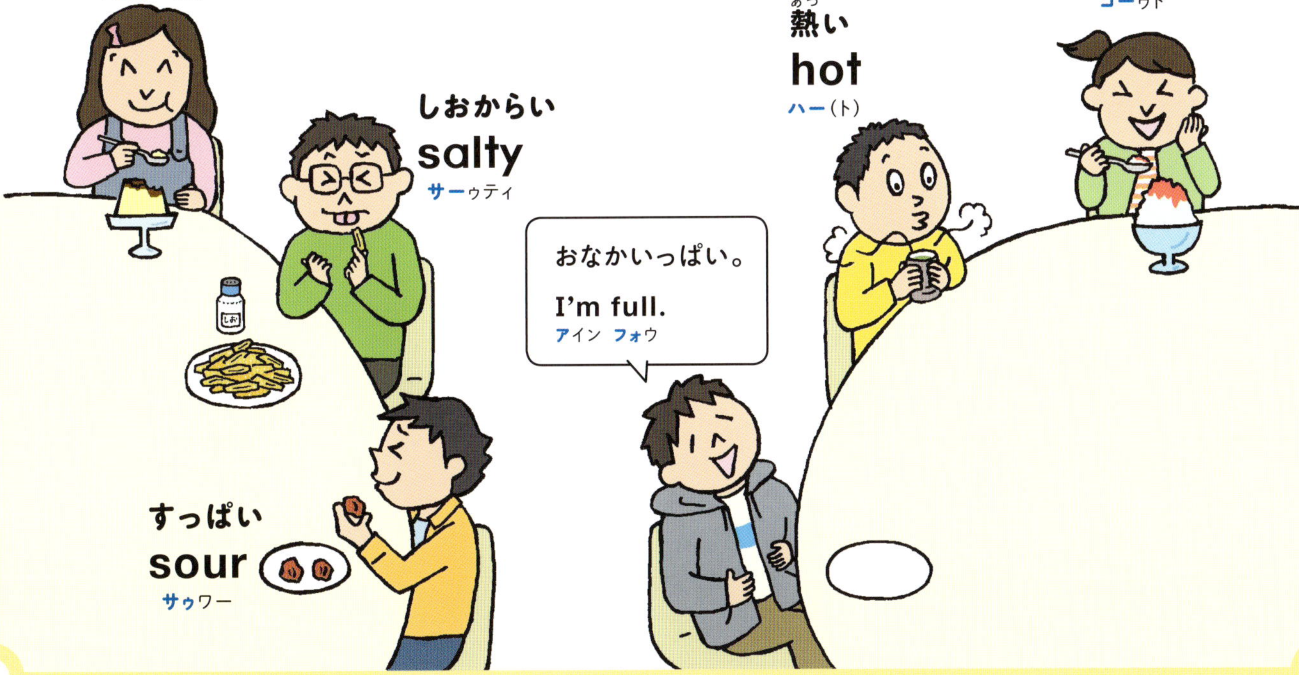

Feelings
フィーリンズ

気持ちや状態をあらわすことば

きみはいま、どんな気持ち？　自分の気持ちやお友だちのいいところ、英語で言えたらいいね。

うれしいな！
I am happy!
アイ アン　ヘァピー

おなかがすいた
hungry
ハングリー

うれしい／幸せな
happy
ヘァピー

つかれた
tired
タイァド

悲しい
sad
セァーッ(ド)

いそがしい
busy
ベズィ

のどがかわいている
thirsty
サーステイ

ねむい
sleepy
スリーピー

残念／気の毒に思う
sorry
ソーリー

おこっている
angry
エァングリー

こわい／おそろしい
scary
スケアリー

かわいい
cute
キュー(ト)

わくわくするな！
It's exciting!
イッ　ツェクサイリン

おかしい
funny
ファニー

興味深いな。
It's interesting.
エッツ　インチュレスティン

ゆりは人なつっこいね。
Yuri is friendly.
ユーリ　エス　フレンッリー

人なつっこい
friendly
フレン(ド)リー

明るい
cheerful
チアフォ

親切な
kind
カーインド

活発な
active
エァ(ク)テヴ

勇気のある
brave
ブレーィヴ

はずかしがりやの
shy
シャーィ

アルフファベット

The Alphabet

ディ　　エァゥファベッ(ト)

アルファベットには大文字(おおもじ)と小文字(こもじ)があるよ。両方(りょうほう)知(し)っているかな？

Aa

エーィ

りんご
apple
エァポォ

Bb

ビー

くま
bear
ベーァ

Cc

スィー

ねこ
cat
ケァ(ト)

Dd

ディー

犬(いぬ)
dog
ダー(グ)

Ee

イー

たまご
egg
エー(グ)

Ff

エフ

魚(さかな)
fish
フィッシ

Gg

ジー

女の子(おんなのこ)
girl
ガーォ

Hh

エイチ

家(いえ)
house
ハオス

Ii

アーィ

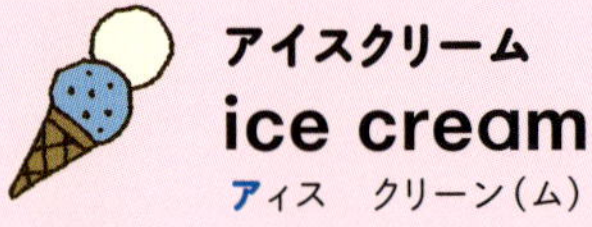

アイスクリーム
ice cream
アィス　クリーン(ム)

Jj

ジェーィ

ジュース
juice
ジュース

Kk

ケーィ

王様(おうさま)
king
キン

Ll

エォ

ライオン
lion
ライアン

Mm
エン(ム)

さる
monkey
マンキー

Nn
エン(ヌ)

巣(す)
nest
ネス(ト)

Oo
オーゥ

タコ
octopus
アー(ク)タプス

Pp
ピー

パイナップル
pineapple
パーィネァポォ

Qq
キュー

女王様(じょおうさま)
queen
クウィーン

Rr
アーァ

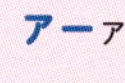

うさぎ
rabbit
ゥレァベッ(ト)

Ss
エス

太陽(たいよう)
sun
サン

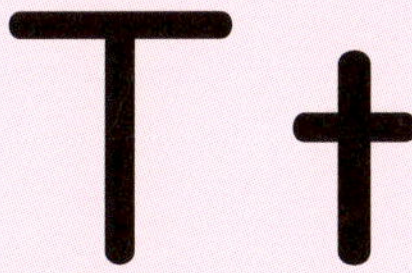
Tt
ティー

とら
tiger
タイガー

Uu
ユー

かさ
umbrella
アンブレラ

Vv
ヴィー

バイオリン
violin
ヴァイアリン

Ww
ダブユー

くじら
whale
ウェイォ

Xx
エクス

きつね
fox
ファークス

Yy
ワーィ

ヨット
yacht
ヤー(ト)

Zz
ズィー

しまうま
zebra
ズィーブラ

日本語 さくいん

あ

- あいさつ 10
- アイスクリーム 23, 134
- 青 122
- 赤 122
- あかちゃん 20
- 明るい 133
- 秋 120
- あご 19
- アコーディオン 77
- あごひげ 19
- あさがお 105
- あざらし 99
- 足、あし 16, 17, 88
- アジア大陸 127
- あしか 99
- 足首 18
- あじさい 104
- 遊び 78
- 遊ぶ 128
- (友だちと)遊ぶこと 71
- 頭 17
- 新しい 130
- 熱い 131
- 兄→弟
- 姉 20
- アヒル 95
- アヒルの子 95
- 油 34
- アフリカ大陸 127
- あまい 131
- 天の川 113
- 編みもの 71
- 雨 111
- 雨の 110
- アメリカ合衆国 127
- アメンボ 101
- あらしの 110
- あり 102
- 歩く 129
- アルゼンチン 127
- アルファベット 134
- あわ立て器 42

い

- イアリング 49
- 家 38, 134
- イカ 33
- イギリス 126
- 池 66
- 石 108
- 医師 80
- いす 44, 56
- いそがしい 132
- いそぎんちゃく 98
- イタリア 126
- 1 114
- 1月 117
- いちご 31
- 10000 115
- いちょう 106
- 一輪車 55
- 5日 116
- 1階・下の階 39
- いとこ(たち) 21
- いなずま 111
- 犬 88, 134
- 犬小屋 39
- いのしし 93
- 衣服 48
- 居間 40
- 妹→姉
- いも虫 102
- いもり 100
- いるか 99
- 色 122
- 色えんぴつ 60
- 岩 108
- インコ 96
- インド 126

う

- うさぎ 88, 135
- 牛 94
- うすだいだい 123
- (歌を)うたう(こと) 71, 128
- 宇宙 112
- 宇宙飛行士 83
- 打つ 129
- うで 17
- うで時計 50
- うどん 26
- 馬 95
- 海 109
- 海がめ 98
- うれしい/幸せな 132
- うろこ 98
- 運動 73
- 運動会 120

え

- 絵 41
- エアコン 40
- 映画館 68
- 英語 58
- 駅 64
- エジプト 126
- 絵の具 61
- エプロン 43
- えら 98
- 絵をかくこと 70
- 円 124
- 遠足 120
- えんぴつ 60
- えんぴつけずり 60

お

- おい 21
- 王様 134
- 横断歩道 65
- オウム 96
- おおかみ 93
- 大きい 130
- オーストラリア 126
- オーストラリア大陸 127
- オートバイ 84
- 大みそか 121
- おか 108
- お母さん 20
- おかしい 133
- おこっている 132
- おじ 21
- お正月 121
- おしり 17
- おせんべい 36
- おそい 131
- おたま 42
- オタマジャクシ 100
- 夫 21
- おでこ 19
- お父さん 20
- 弟 20
- 男の子 55
- おどる 129
- おなか 16
- おなかがすいた 132
- おにぎり 26
- おにごっこ 78
- おば 21
- おべんとう箱 70
- おぼん 119
- オムレツ 22
- 重い 131
- おもち 26
- おもちゃ 78
- おもちゃのトラック 79
- おもちゃ屋さん 62
- 親指 18
- 泳ぐ 129
- オランウータン 90
- オリーブオイル 34
- オレンジ(色) 122
- オレンジ(くだもの) 30
- オレンジジュース 37
- 音楽 58
- 温度計 57
- オンドリ 94
- 女の子 54, 134

か

- か 102
- が 102
- カーディガン 49
- カーテン 40
- カーネーション 104
- カーペット 40
- 貝 33
- 海王星 113
- 海岸 109
- 会社員 80
- 海水浴 119
- 街灯 65
- 買いもの 71
- かえで・もみじ 106
- かえる 100
- 顔 16
- 科学者 81
- かかと 18
- 鏡 47
- かぎ 49
- カキ(貝) 33
- かき(くだもの) 31
- かき氷 119
- 書く 128
- 学芸会 120
- かくとうぎ 74
- 学年 57
- かくれんぼ 78
- かげ 111
- かさ 51, 135
- 火山 109
- 歌手 83
- カスタネット 76
- 風 111
- 火星 112
- 風の 110
- 家族 20
- ガソリンスタンド 68
- かた 17
- かたい 130
- かたち 124
- かたつむり 102
- 花だん 67
- 楽器 76
- 学校 52
- 活発な 133
- カップ 43
- 家庭科 58
- 角 64
- 悲しい 132
- カナダ 127
- カニ 33
- かば 92
- かばん 49
- 花びん 41
- カフェ 62
- かぶと虫 103
- かべ 38
- かぼちゃ 28
- かぼちゃちょうちん 120
- かまきり 103
- 紙 61
- かみなり 111
- かみの毛 16
- カメレオン 93
- カモ 66
- かもめ 96
- 火曜日 116
- からし、マスタード 35
- からす 96
- からだ 16
- 空手 74
- カリフラワー 29
- 軽い 131
- カレーライス 22
- カレンダー 40, 116
- 川 108
- かわいい 133
- 皮むき器 42
- 考える 128
- カンガルー 91
- 韓国 126
- 看護師 80

き

- 木 67, 109
- 黄色 122
- キウイ 30
- きく 105
- 聞く 128
- 季節 118
- ギター 76
- 北アメリカ大陸 127
- きつつき 97
- きつね 88
- 黄緑 122
- 客室乗務員 83
- キャップ 48
- キャプテン 73
- キャベツ 28
- キャンディ 36
- キャンプ 70
- 9 114
- 救急車 87
- 球根 107
- 90 115
- 給食 59
- 牛肉 32
- 牛乳 37
- きゅうり 28
- 教科書 60
- 教師 80
- 教室 52, 56
- 教頭先生 53
- 曲線 125
- きり 111
- きりん 90
- 金 123
- 銀 123
- 金魚 100
- 銀行 63
- 近所の人 39
- 金星 112
- 金曜日 116

く

- 9月 117
- くき 107
- 草/草地 109
- くじゃく 97
- くじら 99, 135
- くすり指 18
- くだもの 30
- 口 19

くちばし……97
口ひげ……19
くちびる……19
くつ……50
クッキー……36
くつ下……48
クッション……41
国……127
首……17
くま……92, 134
グミ……36
くも……102
雲……109, 111
くもの巣……102
くもりの……110
くらげ……98
クラスメート……57
クラブ／クローバー……124
クラブ活動……59
クラリネット……77
くり……31
グリーンサラダ……22
グリーンピース……29
クリスマス……121
車／乗用車……84
クルマエビ……33
グレープフルーツ……31
クレーン車……86
クレヨン……61
黒……123
クロール……75
クロワッサン……27
くわがた虫……103

け

警察官……80
警察署……69
芸術家……82
芸人……83
ケーキ……36
消しゴム……60
ケチャップ……35
月曜日……116
ケニア……126
ける……129
げんかん……38
建築家……82

こ

5……114
コアラ……92
コイ……67, 100
子犬……88
公園……66, 69
交差点……64
子牛……95
校舎……52
工場……68
紅茶……37
校長先生……52
校長室……52
校庭……53
交番……62
子馬……95
こうもり……89
校門……52
小エビ……33
コーチ……73
コート……50
コーヒー……37
コーラ……37
ゴールリング……55
こおろぎ……103
5月……117
ごきぶり……103
国語……58
黒板……56
黒板消し……56
9日……116
こし……17
50……115
こしょう……34
コック……81
コップ……43
子どもたち……21
こどもの日……118
子ねこ……88
ごはん……26
子羊……95
子ブタ……94
ごみ……45
ごみ収集車……87
ごみ箱……45
小麦粉……34
小指……18
ゴリラ……90
こわい／おそろしい……133
こん……122
コンクリートミキサー車……86
こん虫・虫……102
コンディショナー……46
コンパス……61
コンビニエンスストア……62
コンピュータプログラマー……82
コンロ……42

さ

さい……91
さいころ……79
さいふ……49
魚……98, 134
魚つり……70
さく……39
さくら……104
さくらんぼ……30
サケ……33
作家……82
サッカー……72
サッカー選手……83
雑誌……44
さつまいも……29
砂糖……34
砂ばく……108
さぼてん……106
さめ……98
皿……43
(料理用の大きな)皿……43
ザリガニ……101
さる……90, 135
ざる……43
3……114
三角形……124
3月……117
サングラス……50
さんご……98
30……115
31日……116
30日……116
算数……58
サンタクロース……121
サンドイッチ……23
残念／気の毒に思う……132

し

シーソー……67
シーツ……45
シーフード……32
シール……79
ジーンズ……50
ジェット機……87
塩……34
しおからい……131
潮干狩り……118
しか……93
歯科医……80
4月……117
時間割……58
ジグザグ線……125
ジグソーパズル……79
じこしょうかい……14
仕事……80
じしゃく……56
辞書……44
自然……108
舌……19
下じき……60
7……114
7月……117
シチュー……25
しっぽ……88
自転車……39, 84
自動販売機……63
島……109
しまうま……91, 135
シャープペンシル……60
社会……58
じゃがいも……28
じゃ口……47
ジャケット……50
車庫……38
写真……41
写真をとること……70
シャツ……50
シャトル……55
シャベル……66
ジャム……27
シャワー……46
ジャングルジム……67
シャンプー……46
10……114
じゅう医……80
11……114
11月……117
11日……116
10億……115
修学旅行……120
10月……117
19……114
19日……116
15……114
15日……116
十五夜……120
13……114
13日……116
14……114
十字形……125
17……114
17日……116
ジュース……134
じゅうどう……74
12……114
12月……117
12日……116
18……114
18日……116
14日……116
16……114
16日……116
宿題……57
首都……127
小学校……68
じょうぎ……60
昇降口(入り口)……52
消防士……80
消防車……87
消防署……69
しょうゆ……35
女王様……135
ジョギング……71
職員室……53
植物……106
食器だな……42
書道……58
ショベルカー……86
シリアル……27
白……123
信号……64
神社……68
親切な……133
新聞……40

す

巣……97, 135
水泳……75
水泳大会……119
水泳プール……53
スイカ……30
水星……112
水族館……68
水とう……70
水曜日……116
スウェットシャツ……51
スウェットパンツ……51
数字……114
スーパーマーケット……63
スープ……24
スカート……49
スキー……74
スクランブルエッグ……24
スケート……74
図工……58
図工室……53
すし……25
すずめ……96
すずめばち……102
すっぱい……131
スティックのり……61
ステーキ……25
砂……108
スナックがし……36
砂場……66
砂はま……109
スニーカー……48
スパゲッティ……22
スプーン……42
スペイン……126
スペード……124
すべり台……67
スポーツ……72
スポーツカー……84
ズボン……50
スポンジ……46
スマートフォン……49
すみれ……104
すみれ色……122
すわる……129

せ

生徒……56
正方形……124
セーター……50
背泳ぎ……75
世界地図……126
石けん……46
節分……121
背中……17
せみ……103
ゼリー……36
セロハンテープ……61
セロリ……28
1000……115
洗ざい……47
せん水かん……85
先生……56
洗たく機……47
洗面器……46
洗面所……46
洗面台……47
線路……64

そ

ぞう 91
ぞうげ色 123
そうじ機 40
そうじする 128
ソーセージ 32
ソーダ 37
卒業式 118
そば 26
祖父 20
ソファ 41
祖父母 21
祖母 20
空 109
そり 121

た

タイ 126
体育 58
体育館 53
大学 68
大工 82
だいこん 29
体操 74
大地 108
タイツ 49
台所 42
台風 111
タイヤ 84
ダイヤ、ひし形 124
太陽 112, 135
大陸 127
だ円形 124
タオル 46
高い 130
たき 108
タクシー 84
タクシー運転手 81
竹 106
たこ 79
タコ(いきもの) 33, 135
ダチョウ 97
立つ 129
卓球 74
たつのおとしご 98
たな 45
七夕 119
谷 108
たぬき 88
種 107
食べる 128
たまご 35, 97, 134
たまねぎ 28
タラ 33
だんご虫 102
たんす 45
担任の先生 52
タンバリン 76
ダンプカー 86
たんぽぽ 104

ち

小さい 130
チーズ 34
チーム 73
地下鉄 85
地球 112
地球ぎ 56
地図 56
父 20
父の日 119
チャーハン 24
茶色 123
中国 126
駐車場 68
チューリップ 104
ちょうちょう 102
長方形 124
チョーク 56
貯金箱 45
直線 125
チョコレート 36

つ

1日 116
つかれた 132
月 112
つくえ 44, 56
つばさ 96
つばめ 96
つぼみ 104
妻 21
つま先 18
つめ 18
冷たい 131
梅雨 118
強い 130
つる 96
つる草 106

て

手 16
Tシャツ 48
テーブル 42
手首 16
デザート 36
テスト 59
テニス 72
デパート 68
手ぶくろ 50
寺 68
テレビ 40
天気 110
電気, 明かり 40
電気スタンド 44
電車 85
天じょう 40
電子レンジ 42
テント 70
てんとう虫 102
天王星 113
電話 40

と

ドイツ 126
トイレ 47
トイレットペーパー 47
道徳 58
動物 88, 90, 94
動物園 68
動物園の飼育員 82
とうもろこし 29
道路 65
10日 116
トースター 42
トースト 24
ドーナツ 36
通り 64
とかげ 101
読書 71
得点 54
とげ 105
時計 56
図書館 69
図書室 53
年をとった 131
土星 113
ドッジボール 72
とび箱 54
とぶ 129
(どぶ)ねずみ 89
トマト 28
友だち 55
土曜日 116
とら 91, 135
トライアングル 76
トラクター 86
トラック 86
ドラッグストア 62
ドラム 77
トランプゲーム 78
トランペット 77
鳥 96
とり肉 32
とる/つかむ 129
ドレッシング 35
どろ 108
どんぐり 107
とんぼ 103

な

ナイフ 42
長い 130
中指 18
投げる 129
なす 28
なぞなぞ 78
夏 119
夏祭り 119
70 115
7日 116
なべ 42
生ごみ 42
波 109
なわとび 55, 78
南極大陸 127

に

2 114
2階・上の階 38
2月 117
肉 32
にじ 108
20 114
21 114
21日 116
29日 116
25日 116
23日 116
27日 116
22 114
22日 116
28日 116
24日 116
26日 116
日曜日 116
日記 44
日本 127
入学式 118
庭 39
人形 79
にんじん 28

ね

根 107
ネクタイ 50
ねこ 88, 134
ネックレス 49
熱帯魚 100
ネット 54
ねぶくろ 70
ねむい 132

の

農家 82
ノート 60
のどがかわいている 132
飲む 128
のりもの 84
乗る 129

は

歯 19
葉 107
パーカー 48
ハート 124
バーベキュー 70
ハーモニカ 77
パイ 36
灰色 123
バイオリン 76, 135
ハイキング 70
パイナップル 31, 135
パイロット 83
はえ 102
白鳥 97
バケツ 66
箱 45
はさみ 61
はし 43
橋 68
パジャマ 51
走る 129
バス 84
バス運転手 81
はずかしがりやの 133
バスケットボール 72
パスタ 26
バス停 65
パソコン 44
バター 34
はだ着 49
バタフライ 75
はち 102
8 114
8月 117
80 115
はちみつ 27
20日 116
はつかねずみ 89
ばった 103
バット 54
はと 97
パトカー 87
バドミントン 72
花 104
鼻 19
話す 128
バナナ 30
花びら 104
花見 118
花屋さん 63, 82
羽 96
母 20
母の日 118
パフェ 37
歯ブラシ 47
歯みがき粉 47
ハム 32
ハムスター 89
速い 131
早口ことば 78
ばら 105
はりねずみ 89
春 118
バルコニー 39
バレエ 74
バレーボール 72
晴れの 110
ハロウィーン 120
パン 27
ハンカチ 49
パンケーキ 36
半月 112
パンジー 104
半ズボン 48
パンダ 90
パンツ(下着) 48

ハンドル……84
ハンバーガー……22
ハンバーグ……23
パン屋さん……62, 81

ひ

ピアニスト……83
ピアノ……76
ビー玉……79
ビーバー……92
ピーマン……29
ひきがえる……100
低い……130
ピクニック……70
ひげ……88
飛行機……87
ひざ……16
ピザ……25
ひざ(の上)……18
ひじ……16
美術館……69
羊……95
人差し指……18
ひとで……98
人なつっこい……133
ひなぎく……105
ひな祭り……118
ひまわり……105
100……115
100万……115
ひょう……91
美容院……63
病院……69
美容師……81
標識……65
ヒヨコ……94
平泳ぎ……75
ひれ……98
ピンク……123
ビンゴゲーム……78

ふ

フィンランド……126
風船……79
ブーツ……49
フェルトペン……60
フォーク……42
副校長先生……53
ふくらはぎ……18
ふくろう……96
ふた……42
ブタ……94
ふたご……21
ぶた肉……32
2日……116
筆箱……60
ぶどう……30
太もも……18
フナ……101
船……85
冬……121
フライドチキン……22
フライドポテト……22
フライパン……43
ブラウス……49
ブラシ……46
ブラジル……127
フラフープ……55
フラミンゴ……97
ブランコ……66
フランス……126
プリン……36
プリント……60
古い……130
フルート……77
ブルドーザー……86
ブレスレット……49
プレゼント……121
ふろ……46
ブロック(区画)……64
ブロッコリー……29
ふん水……66
分度器……60
ぶんぼうぐ……60
ぶんぼうぐ屋さん……62

へ

ヘアドライヤー……46
へい……39
平均台……54
ベーコン……32
ベージュ……123
ベスト……50
へそ……16
ベッド……45
ペット……20
ペットショップ……63
ヘッドライト……84
へび……92
ヘリコプター……87
ペルー……127
ベルト……50
ペン……60
便器……47
勉強する……128
ペンギン……97
ベンチ……66

ほ

保育園の先生……80
ポインセチア……105
望遠鏡……113
ぼうし……49
包丁……42
ボウル……42
ほうれんそう……28
ほお……19
ボート……85
ボードゲーム……78
ボール……55, 79
ボール遊び……78
ぼく……20
ボクシング……74
保健室……52
保健の先生……52
ほこり……40
星……113
星形……125
ほたる……102
ホチキス……61
ほっきょくぐま……92
ホットドッグ……23
ポップコーン……36
ポテトチップス……36
ホテル……69
歩道橋……64
ほら穴……108
ホワイトボード……57
本……44
本だな……44
本屋さん……62

ま

マカロニ……26
マカロニサラダ……25
まくら……44
マグロ……33
まち……62
まつ毛……19
マッシュルーム……29
マット……54
まつぼっくり……107
まど……38
まな板……42
マフラー……50
まゆ毛……19
マヨネーズ……35
マラソン……74
丸……124
丸パン……27
まんが家……82
まんが本……45
満月……112
マンゴー……31

み

三日月……112
短い……130
水色……122
湖……108
水着……51
みそしる……25
3日……116
緑……122
ミトン……50
南アメリカ大陸……127
ミネラルウォーター……37
耳……19
みみず……102

む

6日……116
むすこ……21
むすめ……21
胸……16
むらさき……122

め

目……19
芽……107
めい……21
めがね……48
メキシコ……127
目覚まし時計……44
目玉焼き……24
メロン……30
メンドリ……94
めん類……26

も

毛布……45
木星……113
木曜日……116
もけいの車を組み立てること…71
もも……31
森……109
モルモット……89
門……38

や

やかん……42
ヤギ……94
焼き魚……25
野球……72
野球選手……83
役者……83
野菜……28
ヤシ……106
矢印……125
休み時間……59
休みの日……70
屋根……38
山……108
やわらかい……130

ゆ

遊園地……69
勇気のある……133
郵便受け……38
郵便局……62
郵便ポスト……62
ゆか……41
雪……111
雪だるま……121
雪の……110
ゆでたまご……24
ユニフォーム……55
指……18
ゆびわ……49
ゆり……105

よ

良い……131
8日……116
洋なし……31
ヨーグルト……35
ヨーヨー……79
ヨーロッパ大陸……127
浴そう……46
4日……116
ヨット……85, 135
読む……128
弱い……130
4……114
40……115

ら

ライオン……90, 134
らくだ……93
ラグビー……72
ラケット……55
らっこ……99
らん……105
ランドセル……57

り

理科……58
理科室……53
陸……108
(陸)がめ……100
陸上競技……72
リコーダー……76
りす……89
リボン……49
両親……21
料理……22
料理する……128
緑茶……37
りんご……30, 134

れ

0……114
冷蔵庫……42
レインコート……51
レインブーツ……51
レストラン……63
レスリング……74
レタス……28
レモン……30
練習……73

ろ

ロールパン……27
6……114
6月……117
60……115
ロケット……113
ロシア……126
ロバ……95
ロボット……79

わ

ワイパー……84
若い……131
ワカメ……33
惑星……112
わし……97
わに……92
悪い……131
ワンピース……49

A

accordion 77
acorn 107
active 133
actor 83
Africa 126
air conditioner 40
airplane 87
alarm clock 44
alligator 92
alphabet 134
ambulance 87
amusement park 69
angry 132
animals 88, 90, 94
ankle 18
ant 102
Antarctica 127
apple 30, 134
April 117
apron 43
aquarium 68
architect 82
Argentina 127
arm 17
arrow 125
art room 53
artist 82
arts and crafts 58
Asia 127
astronaut 83
athletics 72
August 117
aunt 21
Australia 126, 127
autumn 120

B

baby 20
back 17
backstroke 75
bacon 32
bad 131
badminton 72
bag 49
baker 81
bakery 62
balance beam 54
balcony 39
ball 55, 79
ballet 74
balloon 79
bamboo 106
banana 30
bank 63
barbecue 70
baseball 72
baseball player 83
basketball 72
basketball hoop 55
bat 54, 89
bathroom 46, 47
bathtub 46
beach 109
beak 97
bean-scattering ceremony 121
bear 92, 134
beard 19
beauty salon 63
beaver 92
bed 45
bee 102
beef 32
beetle 103
beige 123
belt 50
bench 66
bicycle 39, 84
big 130
bill 97
bingo 78
birds 96
black 123
blackboard 56
blackboard eraser 56
blanket 45
block 64
blouse 49
blue 122
board game 78
boat 85
body 16
boiled egg 24
book 44
bookshelf 44
bookstore 62
boots 49
bottom 17
box 45
boxing 74
boy 55
bracelet 49
brave 133
Brazil 127
bread 27
breaststroke 75
bridge 68
broccoli 29
brother 20
brown 123
brush 46
bucket 66
bud 104
building model cars 71
bulb 107
bulldozer 86
bun 27
bus 84
bus driver 81
bus stop 65
busy 132
butter 34
butterfly 75, 102

C

cabbage 28
cactus 106
café 62
cake 36
calendar 40, 116
calf 18, 95
calligraphy 58
camel 93
camping 70
Canada 127
candies 36
canteen 70
cap 48
capital 127
captain 73
car 84
card game 78
cardigan 49
carnation 104
carp 67, 100
carpenter 82
carpet 40
carrot 28
cartoonist 82
castanets 76
cat 88, 134
catch 129
caterpillar 102
cauliflower 29
cave 108
ceiling 40
celery 28
cement mixer truck 86
cereal 27
chair 44, 56
chalk 56
chameleon 93
cheek 19
cheerful 133
cheese 34
cherries 30
cherry blossoms 104
cherry-blossom viewing 118
chest 16
chest of drawers 45
chestnut 31
chick 94
chicken 32
children 21
Children's Day 118
chin 19
China 126
chocolate 36
chopsticks 43
Christmas 121
chrysanthemum 105
cicada 103
circle 124
clarinet 77
class schedule 58
classmate 57
classroom 52, 56
clean 128
clock 56
clothes 48
cloud 109, 111
cloudy 110
clover 124
club 124
club activity 59
coach 73
coat 50
cockroach 103
cod 33
coffee 37
cola 37
colander 43
cold 131
colored pencil 60
colors 122
comedian 83
comic book 45
compasses 61
computer programmer 82
conditioner 46
continent 127
convenience store 62
cook 81, 128
cookies 36
coral 98
corn 29
corner 64
country 127
cousins 21
cow 94
crab 33
crane 96
crane truck 86
crawl 75
crayfish 101
crayon 61
crescent moon 112
cricket 103
croissant 27
cross 125
crosswalk 65
crow 96
crucian carp 101
cucumber 28
cup 43
cupboard 42
curry and rice 22
curtain 40
curved line 125
cushion 41
custard pudding 36
cute 133
cutting board 42

D

dad 20
daisy 105
dance 129
dandelion 104
dark blue 122
daughter 21
December 117
deer 93
dentist 80
department store 68
desert 108
desk 44, 56
dessert 36
detergent 47
diamond 124
diary 44
dice 79
dictionary 44
dish 43
dishes 22
doctor 80
dodgeball 72
dog 88, 134
doll 79
Doll Festival 118
dolphin 99
donkey 95
donuts 36
downstairs 39
dragonfly 103
drama festival 120
dress 49
dressing 35
drink 128
drugstore 62
drums 77
duck 66, 95
duckling 95
dump truck 86
dust 40

E

eagle 97
ear 19
earrings 49
earth 112
earthworm 102
eat 128
egg (s) 35, 97, 134
eggplant 28
Egypt 126
eight 114

eighteen 114
eighteenth 116
eighth 116
eighty 115
elbow 16
elementary school 68
elephant 91
eleven 114
eleventh 116
English 58
entrance 52
entrance ceremony 118
eraser 60
Europe 127
excavator 86
exercise 73
eye 19
eyebrow 19
eyelash 19

F

face 16
factory 68
fall 120
falls 108
family 20
farmer 82
fast 131
father 20
Father's Day 119
faucet 47
feather 96
February 117
feelings 132
felt-tip pen 60
fence 39
field trip 120
fifteen 114
fifteenth 116
fifth 116
fifty 115
fin 98
fingers 18
Finland 126
fire engine 87
fire station 69
firefighter 80
firefly 102
first 116
fish 98, 134
fishing 70
five 114
flamingo 97
flight attendant 83
floor 41
florist 82
flour 34
flower(s) 104
flower bed 67
flower shop 63
flute 77
fly 102
foal 95
fog 111
foggy 110
foot 16
football 72
forehead 19
forest 109
fork 42
forty 115
fountain 66
four 114
fourteen 114
fourteenth 116
fourth 116
fox 88, 135
France 126
French fries 22
Friday 116
fridge 42
fried chicken 22
fried egg 24
fried rice 24
friend 55
friendly 133
frog 100
front door 38
fruit 30
frying pan 43
full moon 112
funny 133

G

games 78
garage 38
garbage 42
garbage truck 87
gas station 68
gate 38
Germany 126
gills 98
ginkgo 106
giraffe 90
girl 54, 134
glass 43
glasses 48
globe 56
gloves 50
glue stick 61
goat 94
gold 123
goldfish 100
good 131
gorilla 90
grade 57
graduation ceremony 118
grandfather 20
grandmother 20
grandparents 21
grapefruit 31
grapes 30
grass 109
grasshopper 103
gray 123
green 122
green peas 29
green pepper 29
green salad 22
green tea 37
greeting 10
grilled fish 25
ground 108
guinea pig 89
guitar 76
gumdrops 36
gym 53, 54
gymnastics 74

H

hair 16
hair dryer 46
hairdresser 81
half moon 112
Halloween 120
ham 32
hamburger 22
hamburger steak 23
hamster 89
hand 16
handkerchief 49
handout 60
happy 132
hard 130
harmonica 77
harvest moon night 120
hat 49
head 17
headlight 84
heart 124
heavy 131
hedgehog 89
heel 18
helicopter 87
hen 94
hide-and-seek 78
high 130
hiking 70
hill 108
hip 17
hippo 92
hippopotamus 92
hit 129
holidays 70
home economics 58
homeroom teacher 52
homework 57
honey 27
hoodie 48
horse 95
hospital 69
hot 131
hot dog 23
hotel 69
house 38, 134
hula hoop 55
hungry 132
husband 21
hydrangea 104

I

I 20
ice cream 23, 134
ice skating 74
index finger 18
India 126
insects 102
intersection 64
island 109
Italy 126
ivory 123

J

jacket 50
jack-o'-lantern 120
jam 27
January 117
Japan 126
Japanese 58
Japanese noodles 26
Japanese radish 29
jeans 50
jelly 36
jellyfish 98
jet 87
jigsaw puzzle 79
jobs 80
jogging 71
judo 74
juice 134
July 117
jump 129
jump rope 55
jumping rope 78
June 117
jungle gym 67
Jupiter 113

K

kangaroo 91
karate 74
kennel 39
Kenya 126
ketchup 35
kettle 42
key 49
kick 129
kind 133
king 134
kitchen 34, 42
kitchen knife 42
kite 79
kitten 88
kiwi fruit 30
knee 16
knife 42
knitting 71
koala 92

L

ladle 42
ladybug 102
lake 108
lamb 95
lamp 44
land 108
lap 18
leaf 107
leg 17
lemon 30
leopard 91
lettuce 28
library 53, 69
lid 42
light 40, 131
light blue 122
lightning 111
lily 105
lion 90, 134
lips 19
listen 128
little finger 18
living room 40
lizard 101
long 130
low 130
lunchbox 70

M

macaroni 26
macaroni salad 25
magazine 44
magnet 56
mailbox 38, 62
mango 31
mantis 103
map 56
maple 106
marathon 74
marbles 79
March 117
Mars 112
martial arts 74
mat 54
math 58
May 117
mayonnaise 35
me 20
meat 32
mechanical pencil 60
melon 30
Mercury 112
Mexico 127
microwave oven 42
middle finger 18

milk 37
Milky Way 113
mineral water 37
mirror 47
miso soup 25
mittens 50
(mixing) bowl 42
mom 20
Monday 116
monkey 90, 135
moon 112
moral education 58
morning glory 105
mosquito 102
moth 102
mother 20
Mother's Day 118
motorcycle 84
mountain 108
mouse 89
mouth 19
movie theater 68
mud 108
museum 69
mushroom 29
music 58
musical instruments 76
mustache 19
mustard 35

N

nail 18
nature 108
navel 16
neck 17
necklace 49
neighbor 39
nephew 21
Neptune 113
nest 97, 135
net 54
new 130
New Year's Day 121
New Year's Eve 121
newspaper 40
newt 100
niece 21
nine 114
nineteen 114
nineteenth 116
ninety 115
ninth 116
noodles 26
North America 127
nose 19
notebook 60
November 117
numbers 114
nurse 80
nursery school teacher 80

O

ocean 109
October 117
octopus 33, 135
office worker 80
oil 34
old 130
olive oil 34
omelet 22
one 114
one billion 115
one hundred 115
one million 115
one thousand 115
onion 28
opposites 130
orange 30, 122
orange juice 37
orangutan 90
orchid 105
ostrich 97
oval 124
owl 96
oyster 33

P

paint 61
painting 70
pajamas 51
pale orange 123
palm 106
pancakes 36
panda 90
pansy 104
pants 50
paper 61
parakeet 96
parents 21
parfait 37
park 66, 69
parking lot 68
parrot 96
pasta 26
paw 88
PC 44
P.E. (physical education) 58
peach 31
peacock 97
pear 31
pedestrian overpass 64
peeler 42
pen 60
pencil 60
pencil case 60
pencil sharpner 60
penguin 97
pepper 34
persimmon 31
Peru 127
pet 20
pet shop 63
petal 104
photo 41
pianist 83
piano 76
picnic 70
picture 41
pie 36
pig 94
pigeon 97
piggy bank 45
piglet 94
pillbug 102
pillow 44
pilot 83
pineapple 31, 135
pinecone 107
pink 123
pizza 25
planets 112
plants 106
plastic sheet 60
plate 43
play 128
playground 53
playing with friends 71
poinsettia 105
polar bear 92
police box 62
police car 87
police officer 80
police station 69
pond 66
popcorn 36
pork 32
post office 62
pot 42
potato 28
potato chips 36
practice 73
prawn 33
present 121
principal 52
principal's office 52
protractor 60
pumpkin 28
puppy 88
purple 122

Q

queen 135

R

rabbit 88, 135
raccoon dog 88
racket 55
railroad 64
rain 111
rain boots 51
rainbow 108
raincoat 51
rainy 110
rainy season 118
rat 89
read 128
reading 71
recess 59
recorder 76
rectangle 124
red 122
refrigerator 42
restaurant 63
rhino 91
rhinoceros 91
ribbon 49
rice 26
rice ball 26
rice cake 26
rice crackers 36
riddle 78
ride 129
ring 49
river 108
road 65
robot 79
rock 108
rocket 113
roll 27
roof 38
rooster 94
roots 107
rose 105
rugby 72
ruler 60
run 129
Russia 126

S

sad 132
salmon 33
salt 34
salty 131
sand 108
sandbox 66
sandwiches 23
Santa Claus 121
Saturday 116
Saturn 113
sausage 32
scale 98
scarf 50
scary 133
school 52
school backpack 57
school building 52
school gate 52
school lunch 59
school nurse 52
school nurse's office 52
school subjects 58
school trip 120
science 58
science room 53
scientist 81
scissors 61
score 54
Scotch tape 61
scrambled eggs 24
sea 109
sea anemone 98
sea bathing 119
sea lion 99
sea otter 99
seafood 32
seagull 96
seahorse 98
seal 99
seasons 118
second 116
seed 107
seesaw 67
self-introduction 14
September 117
seven 114
seventeen 114
seventeenth 116
seventh 116
seventy 115
shadow 111
shampoo 46
shapes 124
shark 98
shaved ice 119
sheep 95
sheet 45
shelf 45
shellfish 33
shellfish gathering on the beach 118
ship 85
shirt 50
shoes 50
shoot 107
shopping 71
short 130
shorts 48
shoulder 17
shovel 66
shower 46
shrimp 33
shrine 68
shuttlecock 55
shy 133
sign 65
silver 123
sing 128
singer 83
singing songs 71
sink 47
sister 20
sit 129
six 114
sixteen 114

sixteenth 116
sixth 116
sixty 115
skiing 74
skirt 49
sky 109
sled 121
sleeping bag 70
sleepy 132
slide 67
slow 131
small 130
smartphone 49
snacks 36
snail 102
snake 92
sneakers 48
snow 111
snowman 121
snowy 110
soap 46
soccer 72
soccer player 83
social studies 58
socks 48
soda 37
sofa 41
soft 130
son 21
sorry 132
soup 24
sour 131
South America 127
South Korea 126
soy sauce 35
space 112
spade 124
spaghetti 22
Spain 126
sparrow 96
speak 128
spider 102
spinach 28
sponge 46
spoon 42
sports 72
sports car 84
sports day 120
spring 118
square 124
squid 33
squirrel 89
stag beetle 103
stand 129
stapler 61
star 113, 125
Star Festival 119
starfish 98
station 64
stationery 60
stationery store 62
steak 25
steering wheel 84
stem 107
stew 25
stickers 79
stomach 16
stone 108
stormy 110
stove 42
straight line 125
strawberry 31
street 64
street light 65
strong 130
student 56
study 128
Sunday 116
submarine 85
subway 85
sugar 34
summer 119
Summer Festival 119
sun 112, 135
Sunday 116
sunflower 105
sunglasses 50
sunny 110
sunny-side up 24
supermarket 63
sushi 25
swallow 96
swan 97
sweat pants 51
sweater 50
sweatshirt 51
sweet 131
sweet potato 29
swim 129
swimming 75
swimming meet 119
swimming pool 53
swimsuit 51
swings 66

T

table 42
table tennis 74
tadpole 100
tag 78
tail 88
taking pictures 70
tambourine 76
taxi 84
taxi driver 81
tea 37
teacher 56, 80
teachers' room 53
team 73
teeth 19
telephone 40
telescope 113
temple 68
ten 114
ten thousand 115
tennis 72
tent 70
tenth 116
test 59
textbook 60
Thailand 126
the Bon Festival 119
the UK 126
the USA 127
thermometer 57
thigh 18
think 128
third 116
third finger 18
thirsty 132
thirteen 114
thirteenth 116
thirtieth 116
thirty 115
thirty-first 116
thorn 105
three 114
throw 129
throwing balls 78
thumb 18
thunder 111
Thursday 116
tie 50
tiger 91, 135
tights 49
tire 84
tired 132
toad 100
toast 24
toaster 42
toe 18
toilet 47
toilet paper 47
tomato 28
tongue 19
tongue twister 78
toothbrush 47
toothpaste 47
tortoise 100
towel 46
town 62
toys 78
toyshop 62
toy truck 79
track and field 72
tractor 86
traffic light 64
train 85
transportation 84
trash 45
trash can 45
tree 67, 109
triangle 76, 124
tropical fish 100
truck 86
trumpet 77
T-shirt 48
Tuesday 116
tulip 104
tuna 33
turtle 98
TV 40
twelfth 116
twelve 114
twentieth 116
twenty 114
twenty-eighth 116
twenty-fifth 116
twenty-first 116
twenty-fourth 116
twenty-ninth 116
twenty-one 114
twenty-second 116
twenty-seventh 116
twenty-sixth 116
twenty-third 116
twenty-two 114
twins 21
two 114
typhoon 111

U

umbrella 51, 135
uncle 21
underpants 48
undershirt 49
unicycle 55
uniform 55
university 68
upstairs 38
Uranus 113

V

vacuum cleaner 40
valley 108
vase 41
vaulting horse 54
vegetables 28
vending machine 63
Venus 112
verbs 128
vest 50
vet 80
vice-principal 53
vine 106
violet 104, 122
violin 76, 135
volcano 109
volleyball 72

W

wakame (seaweed) 33
walk 129
wall 38
wallet 49
washbowl 46
washing machine 47
wasp 102
watch 50
water bottle 70
water strider 101
watermelon 30
wave 109
weak 130
weather 110
web 102
Wednesday 116
whale 99, 135
whisk 42
whiskers 88
white 123
whiteboard 57
wife 21
wild boar 93
wind 111
window 38
windy 110
wing 96
winter 121
wiper 84
wolf 93
woodpecker 97
world map 126
wrestling 74
wrist 16
write 128
writer 82

Y

yacht 85, 135
yard 39
yellow 122
yellow green 122
yogurt 35
young 131
yo-yo 79

Z

zebra 91, 135
zero 114
zigzag line 125
zoo 68
zoo keeper 82

音声監修・執筆	牧野武彦（中央大学教授）
装丁	大薮胤美（株式会社フレーズ）
本文デザイン	月島奈々子（株式会社フレーズ）
表紙イラスト	川添むつみ
本文イラスト	青山京子　あきんこ　イケウチリリー　池田蔵人 イチカワエリ　オカダケイコ　岡村奈穂美　鴨下潤 島内美和子　清水直子　竜田麻衣　ツダタバサ TOKUDOME　ひのあけみ
録音	東京オーディオ・ミュージックレコード株式会社
ナレーター	グレッグ・デール　ドミニク・アレン　ハンナ・グレース
校正	永野真希子　村井みちよ
編集・制作	株式会社童夢

ARで英語が聞ける　英語もののなまえ絵じてん
2018年8月20日　初版発行

ARで英語が聞ける
英語もののなまえ絵じてん

2018年8月20日　第1刷発行

編者　三省堂編修所
発行者　株式会社三省堂　代表者 北口克彦
発行所　株式会社三省堂
〒101-8371　東京都千代田区神田三崎町二丁目22番14号
電話　編集 (03) 3230-9411　営業 (03) 3230-9412
http://www.sanseido.co.jp/
印刷所　三省堂印刷株式会社

落丁本・乱丁本はお取り替えいたします。
ISBN 978-4-385-14331-6　<AR英語なまえ絵じてん・144pp.>

英語(えいご)ことばさがし

P	B	R	I
E	A	R	H
N	B	U	S
E	Y	E	T
M	A	Y	V